社会的養護Ⅱ

［第2版］

喜多　一憲・監修
堀場　純矢・編集

みらい

監　修

喜多　一憲　　元愛知県長久手市社会福祉協議会

編　集

堀場　純矢　　日本福祉大学

執筆者一覧（五十音順）

氏名	所属	担当
安形　元伸	白梅学園短期大学	Ch.3
天池　洋介	日本福祉大学	コラム④
荒井　和樹	中京学院大学短期大学部	Ch.5－9
池戸　裕子	桜学館	Ch.9－14
石垣　儀郎	名古屋学芸大学	Ch.9－8・9
伊藤　龍仁	愛知東邦大学	Ch.9－12
岩田　正人	名古屋文化キンダーホルト	Ch.5－3
小尾　康友	ゆうりん	Ch.9－15
加久保亮平	名古屋文化キンダーホルト	Msg.1
加藤　潤	和進館児童ホーム	Ch.2－2・3
加藤　智功	きーとす岐阜	Ch.5－2
葛谷　潔昭	豊橋創造大学短期大学部	Ch.4－1
倉橋　幸彦	名古屋芸術大学	Ch.6－2
黒田　美希	一陽	コラム①
小菅　ゆみ	フォスタリング機関愛恵会乳児院	Ch.5－6
児玉　あい	岐阜県中央子ども相談センター	Ch.5－5
児玉　俊郎	桜学館	Ch.5－1
関　貴教	日照養徳園	Ch.5－4
田口　李奈	合掌苑	Ch.9－13
谷村　和秀	愛知学泉短期大学	コラム③
隣谷　正範	飯田短期大学	Ch.4－2
橋本　達昌	一陽	Ch.5－8
早川　悟司	子供の家	コラム⑤、Ch.9－11
藤田　哲也	岐阜聖徳学園大学短期大学部	Ch.2－1、Ch.9－2・10
藤林　清仁	同朋大学	Ch.7－1
堀場　純矢	日本福祉大学	Msg.3、Ch.1、Ch.8
水野　和代	日本福祉大学	Ch.7－2
武藤　敦士	東北学院大学	Ch.9－4
武藤　佑太	名古屋文化キンダーホルト	Msg.2、Ch.9－3・5
安田　華子	日本福祉大学	Ch.5－7
山本真知子	大妻女子大学	Ch.6－1
芳川　龍郎	日本財団	コラム②
吉村美由紀	名古屋芸術大学	Ch.9－6
吉村　譲	岡崎女子大学	Ch.9－1・7

はじめに

戦後まもない1947（昭和22）年に、「すべての児童の福祉の向上」を掲げた児童福祉法が成立し、その50年後の1997（平成9）年に、社会福祉基礎構造改革の序章としての児童福祉法の大改正が行われ、2016（同28）年には初めて「児童の権利に関する条約」の精神を盛り込んだ児童福祉法の改正が行われました。

この間、かつての保母は保育所や施設等にいる子どもだけを世話する、いわゆるケアワーカーとしての役割でしたが、子ども虐待問題の顕現化や、子育て不安に悩む家庭の増加もあり、名称を保母から保育士と変更して、子どもの養育や発達支援に加え、親子関係支援、さらには地域支援等の機能、いわゆるソーシャルワーク機能を担うことも期待されるようになってきました。つまり、近年保育士への需要や期待が高まり、その範囲もますます広がってきているといえます。

さて本書は、このような社会的背景を展望し、子どもの未来への架け橋となることを願いとした「みらい×子どもの福祉ブックス」シリーズのなかの「社会的養護Ⅱ」です。このシリーズでは、読者が能動的・主体的に学ぶことができるよう、各Chapterに「インプット・アウトプットノート」「３分Thinking」「イラストでのイメージづくり」等を設けるなど、さまざまな工夫をしました。

本書においては、社会的養護Ⅱの学習について、基礎編→事例編→発展編という流れでステップアップしながら学習できるよう構成するとともに、演習科目に対応した演習課題や「対応困難Ｑ＆Ａ」のChapterを設けるなど、より実践に生かす力を養えるよう工夫しました。また執筆者には、社会的養護分野の現場職員や現場経験のある研究者に多数ご協力いただきましたので、内容もとても充実したものになっています。本書が社会的養護を学ぶ学生をはじめ、社会的養護や保育関連の職員・関係者の実践的活用の書となれば幸いです。

最後に、ご多用のなか精力的にご執筆いただいた執筆者の方々、また出版社の㈱みらいの方々に心より御礼申し上げます。

令和６年２月

監修　喜多　一憲
編集　堀場　純矢

本書の使い方

本書は、大学・短期大学・専門学校等において初めて「社会的養護Ⅱ」を学ぶ方へ向けたテキストです。

本書では、「社会的養護Ⅱ」の内容を①効率よく、②わかりやすく、③興味を持って学べるよう、以下の点に工夫を凝らしています。

Point 1　インプットノートでイメージをつかもう

各 Chapter の冒頭には、Section ごとに「文章」「Keyword」「イラスト」の３点セットで学びの概要（アウトライン）を示しています。学習をスタートさせる前にインプットノートでイメージをつかむようにしましょう。

Section での学びにおいて重要な項目を「Keyword」としてまとめています。学習し理解できた項目にはチェックマークをつけるようにしましょう。

Chapter 1　社会的養護の基礎理解

●イメージをつかむインプットノート

Section 1 「社会的養護の理念と体系」のアウトライン

社会的養護とは、家庭で暮らすことができない子どもの生活を支える制度・施策の総称です。この Chapter では施設養護と家庭養護に分けて解説します（p.21）。

Keyword
☑ 社会的養護　☑ 社会的養育
☑ 児童養護施設　☑ 里親
☑ 特別養子縁組

家庭養護
施設養護

社会的養護は大きく施設養護と家庭養護に分けられます。

Point 2　3分 Thinking で主体的な学びにつなげよう

本書ではみなさんの主体的な学びを促すために、Chapter 1～4・8の各 Section の冒頭に、学びの内容に関連したワークを掲載しています。どのワークも３分程度で考えられる設問になっていますので、積極的に取り組み主体的な学びにつなげていきましょう。

ワークは個人だけでなく、グループやクラス全体で取り組んでも良いでしょう。ワークを通じてほかの学生・教員との相互のやり取りを深めるようにしましょう。

Point 3　要約部分を予習・復習に活用しよう

各項タイトルの下には、その項で学ぶ本文の内容を簡単かつわかりやすくまとめた「要約」を設けています。この要約部分は「予習」「復習」の際に活用しましょう。

Section 1　社会的養護の理念と体系

3分 Thinking

・社会的養護における、施設・里親の役割の重要性について考えてみましょう。

1　社会的養護の理念

要約　社会的養護とは、厚生労働省によると「保護者のない児童や、保護者に監護させることが適当でない児童を、公的責任で社会的に養育し、保護するとともに、養育に大きな困難を抱える家庭への支援を行うこと」とされています。

社会的養護の理念と近年の政策動向

社会的養護の基本理念は、児童の権利に関する条約（以下「子どもの権利条約」）と児童福祉法に規定されている「子どもの最善の利益」の保障です。また、2016（平成28）年には児童福祉法が改正され、子どもが権利の主体であることや、「家庭養育優先」の原則が明記されました。

社会的養護とは、厚生労働省によると「保護者のない児童や、保護者に監護させることが適当でない児童を、公的責任で社会的に養育し、保護するとともに、養育に大きな困難を抱える家庭への支援を行うこと」とされていますが、近年は政策的に「社会的養育」という用語が使用されることが多くなりました。

また、厚生労働省が示す社会的養護の原理は、「家庭養育の個別化」「発達の保障と自立支援」「回復をめざした支援」「家族との連携・協働」「継続的支援と連携アプローチ」「ライフサイクルを見通した支援」の６点です。そして、近年は後述するように、施設養護から里親やファミリーホームなどの家庭養護が推進されており、施設は小規模化・地域分散化や高機能化・多機能化が求められています。

こうした流れの契機としては、2011（平成23）年７月に社会保障審議会がとりまとめた「社会的養護の課題と将来像」があります。そこでは、家庭的養護の推進（乳児院・児童養護施設が９割、里親・ファミリーホームが１割であるものから、里親・グループホーム・本体施設を３分の１ずつへ）や、施設の小規模化・地域分散化などが提起されましたが、2017（同29）年８月の「新しい社会的養育ビジョン」（以下「ビジョン」）では、それが全面的に見直され、就学前

Point 4　アウトプットノートで学びを振り返ろう

各 Chapter の最後には、学びの振り返りを行うためのアウトプットノートを設けています。ここでは、各 Chapter で「学んだこと」「感じたこと」「理解できなかったこと」「疑問に思ったこと」などを整理し、自由に記述しましょう（テーマを変更しても構いません）。

また、「演習課題」では、各 Chapter に沿った課題を設けていますので、より実践的な知識を養うために取り組んでみましょう。

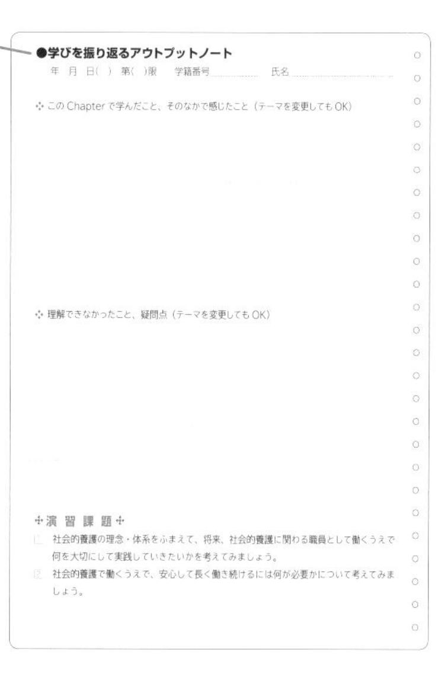
●学びを振り返るアウトプットノート

年　月　日(　)　第(　)限　学籍番号　　　　氏名

✣ この Chapter で学んだこと、そのなかで感じたこと（テーマを変更しても OK）

✣ 理解できなかったこと、疑問点（テーマを変更しても OK）

✣演 習 課 題✣

1. 社会的養護の理念・体系をふまえて、将来、社会的養護に関わる職員として働くうえで何を大切にして実践していきたいかを考えてみましょう。
2. 社会的養護で働くうえで、安心して長く働き続けるには何が必要かについて考えてみましょう。

Point 5　Q&A を通して実践に生かす力を養おう

Chapter 9には、より実践に生かす力を養うために、社会的養護の支援に関わるさまざまな事柄に関してQ＆A形式で学ぶ「対応困難Q＆A」を設けています。ここではみなさんが実際に現場に出た際に起こり得るさまざまなケースについて述べられています。Q＆Aを通じて、現場に出た際の支援のあり方についても考えてみましょう。

ここでは、より実践に生かす力を養うために、基礎編・事例編で学んだ内容もふまえながら、社会的養護の支援に関わるさまざまな事柄に関してQ＆A形式で学んでいきます。

Q1　虐待を受けた子どもへの対応はどのようにしたらよいでしょうか（試し行動や暴力・暴言、自傷行為等も含めて）。

施設には虐待を受けた経験のある子どもがたくさん生活しています。虐待を受けて入所した子どものなかには、職員の声かけにすぐに応えて行動したり、声をかけなくても自分で気付いて行動する、ちょっと無理をして生活に馴染もうとしているように思える子どもがいたりします。一方で、就寝時間をわざと守らなかったり、職員に言われても部屋の片付けをしなかったりするなど、施設のルールを破っていこうとする子どももいます。また、職員がほかの子どもの世話をしているときに声をかけられ、手を離すことができず、その子どもにすぐに対応できなかったりすると、突然怒り出し、壁を殴ったりドアを蹴ったりして暴れてしまう子どももいます。

本書を活用される教員のみなさまへ

本書をご利用いただく際には、「演習課題の解説」をご活用ください。演習課題の解説には、各 Chapter に設けた演習課題の解説が記載されています。演習課題の解説は PDF 形式で弊社ホームページの「書籍サポート」からダウンロードいただけます（無料）。「指導者用解説書等ダウンロード申し込みフォーム」からお申し込みください。

みらいホームページ：https://www.mirai-inc.jp/ →「書籍サポート」

もくじ

はじめに
本書の使い方　4

Msg　社会的養護Ⅱを学ぶあなたへ―学びを始める前に― …………………… 10
Int. 1　当事者からのメッセージ　10
Int. 2　施設職員からのメッセージ　13
Int. 3　教員からのメッセージ　15

基礎編
Ch. 1 社会的養護の基礎理解 …………………………………………………… 20
Sec. 1　社会的養護の理念と体系　21
1　社会的養護の理念　21
2　社会的養護の体系　23
Sec. 2　社会的養護に関わる職員の勤務体制と労働条件　28
1　社会的養護に関わる職員の勤務体制と労働条件　28
2　労働組合の役割　30
コラム①　児童養護施設における働きやすい環境づくり　34

Ch. 2 社会的養護における支援内容 ……………………………………………… 35
Sec. 1　施設養護の展開（アドミッションケア～アフターケア）　37
1　施設養護の展開　37
Sec. 2　施設養護のインケア（日常生活支援・治療的支援・自立支援）　41
1　施設養護における日常生活支援　41
2　施設養護における治療的支援　42
3　施設養護における自立支援　43
Sec. 3　家族支援　44
1　社会的養護で求められる家族支援　44
2　家族支援で用いられるさまざまなプログラム　46
3　家族支援の主な過程　47
コラム②　民間財団の奨学金支援　50

Ch. 3 支援計画と記録・評価 …… 52
Sec. 1 自立支援計画 53
1 自立支援計画とは 53
2 自立支援計画づくり（家庭への支援計画） 55
3 自立支援計画づくり（子ども本人への支援計画） 57
Sec. 2 記録 60
1 記録―実践記録と子どもの理解― 60
Sec. 3 評価 64
1 自己評価と第三者評価 64
2 ケースワークのプロセスと評価 65
3 評価とケース会議 66
コラム③ 生きてきた「証」 68

Ch. 4 社会的養護に関わる専門的技術 …… 69
Sec. 1 職員（保育士）の役割と倫理 70
1 子どもの権利を守る存在としての職員（保育士） 70
Sec. 2 社会的養護と相談援助 74
1 社会的養護における相談援助 74
コラム④ 福祉国家スウェーデンにおける社会的養護の位置付け 80

事例編
Ch. 5 社会的養護の実際①（養護系施設） …… 82
Sec. 1 乳児院の事例 87
1 支援の過程 87
2 支援の視点 90
Sec. 2 母子生活支援施設の事例 91
1 支援の過程 91
2 支援の視点 95
Sec. 3 児童養護施設の事例 96
1 支援の過程 96
2 支援の視点 102
Sec. 4 地域小規模児童養護施設の事例 103
1 支援の過程 103
2 支援の視点 109

Sec. 5　児童心理治療施設の事例　111
1　支援の過程　111
2　支援の視点　115
Sec. 6　児童自立支援施設の事例　116
1　支援の過程　116
2　支援の視点　120
Sec. 7　自立援助ホームの事例　122
1　支援の過程　122
2　支援の視点　126
Sec. 8　児童家庭支援センターの事例　127
1　支援の過程　127
2　支援の視点　131
Sec. 9　NPO によるアウトリーチ型の子ども・若者支援、居場所づくりの事例　132
1　支援の過程　132
2　支援の視点　136

Ch. 6 社会的養護の実際②（家庭養護）…… 140
Sec. 1　里親の事例　141
1　支援の過程　141
2　支援の視点　144
Sec. 2　ファミリーホームの事例　145
1　支援の過程　145
2　支援の視点　150

Ch. 7 社会的養護の実際③（障害系施設）…… 154
Sec. 1　障害児入所施設の事例　155
1　支援の過程　155
2　支援の視点　159
Sec. 2　児童発達支援センターの事例　160
1　支援の過程　160
2　支援の視点　164

発展編

Ch. 8 社会的養護の課題と展望 ……………………………………………… 168

Sec. 1　社会的養護に関する政策動向　169

1　「新しい社会的養育ビジョン」　169

Sec. 2　社会的養護の課題と展望　171

1　児童養護施設の小規模化・地域分散化　171

2　社会的養護の課題と展望　172

コラム⑤　「日本は施設が多い」はウソ!?　―社会的養護に真に求められるもの―　175

Ch. 9 対応困難Q&A ……………………………………………………… 176

Q1　虐待を受けた子どもへの対応について　176

Q2　虐待をしてしまった保護者への対応について　177

Q3　被措置児童等虐待への対応について　178

Q4　ＤＶ被害を受けて入所した母子への支援について　179

Q5　子ども同士のいじめやケンカへの対応と中高生の子どもとの関わり方について　180

Q6　進路で悩む子どもへの対応について　181

Q7　非行の子どもへの対応について　182

Q8　発達障害がある子どもの特徴と対応について　183

Q9　性と生の支援について　185

Q10　施設退所後の支援について　186

Q11　小規模化のもとでの職員間の連携について　187

Q12　社会的養護における「真実告知」について　188

Q13　児童養護施設における外国籍を持つ子どもへの支援について　189

Q14　施設と学校の連携について　191

Q15　児童養護施設の職員の業務内容や求められる能力、心構えなどについて　192

社会的養護Ⅱを学ぶあなたへ ―学びを始める前に―

ここでは、「社会的養護Ⅱを学ぶあなたへ―学びを始める前に―」と題して、社会的養護に関わる当事者・施設職員・教員のインタビューを掲載します。Chapter 1以降の学びに入る前に、インタビューを通して社会的養護に関わる方の思いを感じてみましょう。

Interview 1 当事者からのメッセージ

Q1 加久保さんの自己紹介をお願いします。

私は14歳のときに名古屋市にある児童養護施設に入所しました。18歳まで児童養護施設で過ごしたのち、児童養護施設職員を目指して大学に入学しました。卒業後は、児童養護施設職員として働き、現在に至ります。

Q2 加久保さんにとって、施設生活はどのようなものでしたか。

私にとって施設生活は、自分自身の人生のなかの大切な一部分だったと思います。そして、自立に向けての準備期間だったと思います。こうして今、当時を振り返ると、一つひとつ施設での生活がよみがえってきています。もちろん、今だからこそ感じることや書けることばかりですが、10代に感じていたこと、社会人となった今だからこそ感じることの視点に違いがあり、新たに発見できたことが多くあります。

施設で生活している子どものなかには、保護者と外出や外泊を行うことのできる子どももいたと思います。しかし、私はそういった外出や外泊ができる身内がいない状況でしたので、良くも悪くも逃げることはできませんでしたし、一度として、施設を出たい、家に帰りたいと思ったことはありませんでした。自らも望んで家を出たという事実があるため、児童相談所へ行き、一時保護されるころには、「一人でやってやる」という覚悟がある程度できていたのではないかと、今振り返るとそう思います。

日々施設で生活していくなかで、安心感を覚え生活できたことは感謝しなければならないと感じています。まず、毎日3食ご飯が出てくること、お風呂に入り布団で寝ることができること、当たり前のことのように聞こえるかもしれませんが、当たり前にそれができなかった経験がある私にとっては幸せなことでした。衣食住、これらの環境がしっかり整ったうえで、子どもたちはのびのびと生活を送ることができ、日々成長することができると思います。

施設で生活していくなかで、自分の意見や思いはよく汲み取ってもらえたと思います。高校に進学するときや施設退所後の進路に関しても、自分の思いを尊重してくれました。高校は強豪校のサッカー部に入りたいという理由から、私立の学校に進学しました。サッカーが強いという部分でいえば公立高校にも選択肢はあったと思いますが、私の思いを大切にしてくれました。

また、卒業後の進路選択に関しても、高校ではサッカー部に所属していたため、アルバイトなどもできず、施設退所後の貯金はあまりない状態でした。さらに、当時は給付型奨学金も多くなかったので、きっと職員のなかには就職の方がよいのではないかという意見もあったかと思います。そのようななか、最終的には自分自身の意思を尊重し、最後まで温かく見守ってくれたことをよく覚えています。

良いこと・悪いことも含めて、職員との関わりで印象に残っていることはどのようなことですか。

悪いことに関しては、あまり印象に残っていることはありません。もちろん、自分が悪いことをしたときは叱られますから良い印象は残りません。しかし、それは自分自身が招いたことなので仕方がないことです。ただ、今振り返ると自分自身のために言ってくれていたことなんだな、ということは理解できます。

良いこととしては、小さなことでも自分のために何かをしてくれる職員や、日々自分に関わろうとしてくれている職員の方との関わりは印象に残っています。例えば、部活で試合に行くのに交通費を用意してくれたり、目的地までの行き方を調べてくれたり、お弁当や食事を用意してくれたことがありました。また、何かあれば置き手紙をしてくれたり、自分のために動いてくれたりしたことも印象に残っています。

少しテーマからは脱線してしまうかもしれませんが、施設入所中の関わりに加えて、退所後も関わりを持とうとしてくれる職員の方は印象に残りますし、とても感謝しています。何かあったときに連絡ができたり、頼りにすることができるということは、私の人生においてある意味心の支えになっています。

これは私の勝手なイメージでしかありませんが、一般の家庭の人たちでいうところの、「帰ることのできる実家がある」「疲れたり、つまずいたりしたときに一息つくことのできる場所がある」「安心感が得られる」ということに似ているのかもしれません。そういった職員の方との関わりはこれからも印象に残り続けると思います。

Q4 入所していた当時と退所後に抱く「職員像」に違いはありますか。

違いを抱くようになったのは、施設職員として働くようになってからだと思います。おそらく、施設職員として働くことがなければ、職員に対して何かを意識する機会はなかったと思います。大きな違いとしては、やはり施設に入所していたときの「子どもとしての視点」、職員として働いて初めてわかる「大人としての視点」、この２つの視点を見ることができるようになって職員像の違いが見えたと感じています。

児童養護施設で働くうえでは、子どもとの関わりという部分が主になってきます。もちろん、子どもたちには施設退所後もしっかりと自立して幸せな人生を送ってほしいと願っています。そして、私はそのために子どもたちが施設にいる間に職員として自分に何ができるのか、どうするべきなのかをよく考えます。私が子どものときには、職員に対して職員像というものを特に何も抱いていませんでしたが、現在は、ただ子どもと関わっているのではなく、子どもの成長のために「考える」ことをたくさんしながら関わっているのが「職員」なんだなと感じています。

Q5 将来、施設等で働くことを考えている学生や、本書で「社会的養護」を学ぶ学生へ向けてメッセージをお願いします。

私は自分自身の施設での生活や退所後の経験を子どもたちに少しでも還元できればという思い、そして自分自身の姿を子どもたちが見て、少しでも何か良い影響を与えることができればという思いを持って、施設職員として日々子どもたちと生活をともにしています。

この文章を読んでいただいているということは、みなさんは少なからず児童福祉施設や子どもたちに興味を持たれている方ではないかと思います。人は誰一人として同じ人はいません。その人にしかできないことがきっとあるはずです。もし児童福祉施設で働くことや、子どもと関わる仕事をしたいと考えているのであれば、その思いをぜひ大切にしていってください。

Interview 2　施設職員からのメッセージ

Q1　武藤さんの自己紹介をお願いします。

私は大学卒業後に、現在の職場である児童養護施設に就職して１年間勤務したのちに、県内の別の児童養護施設に就職して４年間勤めました。その後、縁あって最初に就職した施設に再就職することになり、現在に至ります。

Q2　武藤さんが施設で働くことになった経緯や、志望理由を教えてください。

私の両親は教師であり、その影響もあって私も小さいころはずっと教師を目指してきました。そんな私が施設で働くことを目指すようになった背景には、知的障害のある兄の影響があります。私が大学生のころ、まだ知的障害の判定を受けていない兄が特別養護老人ホームに正規職員として就職したのですが、「仕事ができないから」という不当な理由で、入職からわずか２か月で解雇にあってしまいました。その様子を見ているうちに、「兄のように色々とハンディを抱えながらも必死に生きようとしている人を助ける仕事がしたい」と思うようになりました。そして、大学では児童福祉司を目指して勉強をしていましたが、児童養護施設にボランティアに行くなかで、困っている子どもに一番身近に接することができて、ともに困難な状況を乗り越えられるのは児童養護施設だと思い、就職をさせてもらいました。

Q3　職場での主な業務と仕事のやりがいについて教えてください。

職場では個別対応職員として働いています。主な業務は、児童養護施設で生活する０～18歳（最長22歳）までの子どもたちを、保護者に代わって支援・育成する仕事です。具体的には、児童養護施設で過ごす子どもたち一人ひとりに対して、しつけや学習指導、生活上の手伝いとアドバイスを行い、彼らの健全な成長を支援します。

仕事については、子どもの夢を応援団として全力でサポートできることや、子どもの成長を一番近くで見ることができる点にやりがいを感じています。

Q4　子どもとの関わりで印象に残っていることや、大切にしていることを教えてください。

子どもとの関わりで印象に残っていることは、「ここで一緒に生活していないからそんなことが言えるんだよ」と言われたことです。自分自身住み込み制の施設で働いていないため、この言葉を言われたときはハッとしました。それからは子どもの意見に対して、最初から大人として考えるのではなく、まずはその子どもの立場に立って物事を考えるようになりました。

また、自分自身が一番大切にしていることは話し合いです。子どもや大人などの立場は関係なく、一人の人間として対等な立場で話し合いを行うことを大切にしています。子どもの方が正しいことを言っているときもあるため、みなさんもじっくり子どもと話をしてみてください。

将来施設等で働くことを考えている学生や、本書で「社会的養護」を学ぶ学生へ向けてメッセージをお願いします。

現在、社会的養護は激動の時代を歩んでいます。「新しい社会的養育ビジョン」（Chapter 1以降で詳しく学びます）という国の方針により、施設が小規模化・地域分散化していくなかで、職員一人ひとりには生活支援や学習支援、調理業務などオールマイティな能力が求められていきます。

そうしたなかで、みなさんに忘れないでいてほしいことは、「施設は子どもが主役」であり、大人はあくまでサポートするスタッフであるということです。最初はみなさんも「そんなことは当たり前だ」と思って入職されると思いますが、いつの間にか日々の業務や慣れのなかで、「自分が楽できれば」と子どもを管理的に養育したいなと思うときが来ると思います。そんなときは、「自分がこの施設で暮らす子どもの一人だったらどうだろうか？」と考えてみてください。「どうせ自分の意見なんか言っても怒られるだけだし」と思うようだったら、子どもが主役ではなくなっている可能性があります。

子どもは虐待などを受けて傷付いた心とともに、最後の希望として施設に来ます。その子どもの希望を現実にして、またその子どもの夢を応援できるのは施設職員しかいません。自分の人生をまず振り返り、子どもの大切な人生も預かるという思いを持って子ども家庭福祉の現場に来てください。そんな方が少しでも増えると、きっと子どもが幸せになると思います。

みなさんと現場でお会いできることを楽しみにしています。

Interview 3 教員からのメッセージ

今、社会的養護に関わる現場にはどのような子どもがいるのでしょうか。

社会的養護系施設（以下、施設）には、厳しい社会状況のもと、親の労働・生活問題の深刻化を背景として引き起こされる貧困・虐待などによって、家庭で暮らすことができない子どもたちが生活しています。

施設で暮らす子どもたちの多くは、社会経験の少なさや食文化・家族間の対話の貧しさ、暴力的な人間関係などの状態に長年置かれ続けた結果、負い目や自己否定感を抱えています。

そのため、配慮するべき点もありますが、逆に虐待を受けた子どもだからといって身構えてしまうと、子どもたちはそれを敏感に感じ取ってしまうため、関係を築くことが難しくなります。したがって、まずは子どもと遊びやスポーツ、文化・芸術的な活動など、さまざまな活動を通して、楽しく関わることを心がけてみてください。

Ｑ１の子どもを養育する職員にはどのようなことが求められているのでしょうか。また、求められる職員になるために、どのようなことを意識して学んでいけば良いのでしょうか。

職員に求められる視点としては、大きく分けて３つあります。１つ目は、子ども・家族を支援するための視点です。施設は子どもの生命・健康・生活をトータルに支援する役割がありますが、近年は家族や退所者、里親支援などの役割も求められています。

そのため、社会福祉学だけではなく、法学、経済学、教育学、医学、心理学などの幅広い知識が必要になります。このように、社会科学的な視点を軸にした学際的な学びを深めるなかで、施設で子どもを支援するだけではなく、貧困・虐待などの児童養護問題を解決するには、ソーシャルアクション[*1]がいかに重要かということが理解できるようになっていきます。

すぐに社会を変えられるわけではありませんが、そのことを理解しているのとしていないのとでは、子ども・家族への支援の質にも大きく影響するといえます。そのほか、学内の講義だけではなく、施設でボランティアやアルバイトとして積極的に関わり、自分が施設の仕事に向いているかどうかも見極めてください。

２つ目は、基本的な生活能力についてです。この点については、先の武藤さんのインタビューにもある通り、近年、施設の小規模化・地域分散化が進

＊1　**ソーシャルアクション**
p.77を参照のこと。

められるなかで、職員一人ひとりにオールラウンドな力量が求められています。

そのため、専門的な知識に加えて、日ごろから日常生活のなかで、調理・掃除・洗濯などの基本的な生活能力やコミュニケーション能力などを身に付けておく必要があります。特に、施設は生活の場であることや子どもを支援する仕事であるため、業務上のさまざまな場面において、職員の成育歴が影響して職員同士で価値観がぶつかることも少なくありません。こうした状況をふまえて、学生のうちにさまざまな人と関わるなかで、他人の意見を尊重しながら自分の意見を伝える力を身に付けておくと良いと思います。

３つ目は、子どもの立場で物事を考える視点です。この点については、加久保さんや武藤さんのインタビューにもある通り、施設は職員にとっては職場ですが、子どもたちにとっては生活の場です。

職員としては、働くなかで支援する側の立場で物事を判断しがちですが、施設の主人公はあくまで子どもたちです。そのため、「自分が施設で暮らしている子どもの立場だったらどうなのか」という視点で物事を考えられるかが、子どもたちから信頼される職員になるための鍵になるといえます。

ただし、子どものためだからといって、自己犠牲的な働き方をしていては持続可能性がなく、結果として子どもの人権を守ることはできません。そのため、子どもを第一に考えながらも、子どもと職員双方の人権を保障するためには何が必要かを考えながら、実習に臨んでみてください。

そのほか、学生時代しかできないこと（サークル、アルバイト、友人関係、旅行など）も大切にしてください。そうした経験も、施設の仕事に大いに生きると思います。

将来、施設等で働くことを考えている学生へ向けてメッセージをお願いします。

私は約５年間、児童養護施設の現場で働きました。そこで、さまざまな出来事に遭遇し、ソーシャルアクションに取り組むなかで多くの問題意識が芽生え、その後、大学院への進学などを経て、大学の教員になりました。そのなかで、Ｑ２で述べた点とも関連することですが、将来、施設で働くことを考えているみなさんにお伝えしたいことがあります。

それは、子どもと職員双方の人権を保障する視点を大切にしてほしいということです[1)]。施設では、ともすると子どもへの支援に関心が行きがちです。しかし、子どもが施設入所に至る社会的背景など、児童養護問題の本質を理解していなければ、子ども・家族に適切な支援をすることはできません。

さらに、子どもを支援するだけではなく、支援の担い手である職員自身の人権も保障されなければ、施設で安心して働き続けることはできません。実際に、職員が自らの人権を守ることができない状態に置かれていては、子どもの人権を守ることは困難です。

特に近年、施設では小規模かつ地域分散化が進むなかで、宿直や一人勤務の増加などを背景として、職員の確保・育成が大きな課題となっています。そのため、学生時代から労働基準法や労働組合法など、労働法の知識も身に付けておくことも必要です。

そのほか、職員集団づくりを含む民主的な施設運営のあり方や、施設の全体像を理解するための財務諸表の見方など、経理面の知識も不可欠です。現場で保育士（または児童指導員）として働くうえでも、そうした視点を大切にしていってもらえればと思います。

最後に、Chapter 1以降ではどのようなことを学んでいくのでしょうか。

本書では、まず、Chapter 1・2で、社会的養護の基礎理解や支援内容についてみていきます。そして、Chapter 3では支援計画と記録・評価の方法を、Chapter 4では職員の役割・倫理、相談援助について取り上げます。

そのうえで、Chapter 5～7では、事例を通して社会的養護における子ども・家族への支援の実際を学び、Chapter 8では社会的養護の課題と展望についてみていきます。最後に、Chapter 9ではQ＆Aを通して施設の実践に生かせる学びをしていきます。

これらすべての学びが、社会的養護のもとにいる子どもや将来現場で働くことになるかもしれないみなさんの「みらい」につながっています。気負わずに、しっかりと社会的養護について一緒に学び・考えていきましょう。

【引用文献】

Interview 3

1）井上英夫「人権の旗を掲げよう：にない手の人権が侵害されている」日本医療労働組合連合会『医療労働』No.526　日本医療労働組合連合会　2010年 p.6

基礎編

社会的養護の基礎理解

●イメージをつかむインプットノート

Section 1 「社会的養護の理念と体系」のアウトライン

社会的養護とは、家庭で暮らすことができない子どもの生活を支える制度・施策の総称です。このChapterでは施設養護と家庭養護に分けて解説します（p.21）。

Keyword

- ☑ 社会的養護　☑ 社会的養育
- ☑ 児童養護施設　☑ 里親
- ☑ 特別養子縁組

社会的養護は大きく施設養護と家庭養護に分けられます。

Section 2 「社会的養護に関わる職員の勤務体制と労働条件」のアウトライン

社会的養護に関わる職員の勤務体制と労働条件、労働組合の役割について学びます（p.28）。

Keyword

- ☑ 労働条件　☑ 労働組合
- ☑ 小規模化・地域分散化

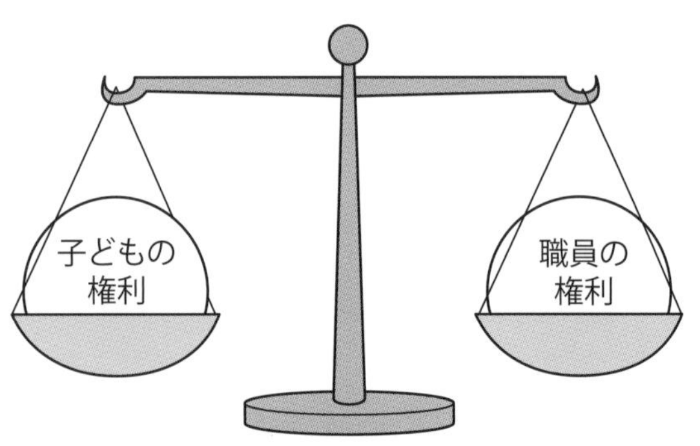

子どもに適切な支援を行うためには、子どもの権利と職員の権利の双方を大切にする視点が求められます。

Section 1　社会的養護の理念と体系

・社会的養護における、施設・里親の役割の重要性について考えてみましょう。

1　社会的養護の理念

要約　社会的養護とは、厚生労働省によると「保護者のない児童や、保護者に監護させることが適当でない児童を、公的責任で社会的に養育し、保護するとともに、養育に大きな困難を抱える家庭への支援を行うこと」とされています。

①社会的養護の理念と近年の政策動向

社会的養護の基本理念は、児童の権利に関する条約（以下「子どもの権利条約」）と児童福祉法に規定されている「子どもの最善の利益」の保障です。また、2016（平成28）年には児童福祉法が改正され、子どもが権利の主体であることや、「家庭養育優先」の原則が明記されました。

社会的養護とは、厚生労働省によると「保護者のない児童や、保護者に監護させることが適当でない児童を、公的責任で社会的に養育し、保護するとともに、養育に大きな困難を抱える家庭への支援を行うこと」とされていますが、近年は政策的に「社会的養育」という用語が使用されることが多くなりました。

また、厚生労働省が示す社会的養護の原理は、「家庭養育の個別化」「発達の保障と自立支援」「回復をめざした支援」「家族との連携・協働」「継続的支援と連携アプローチ」「ライフサイクルを見通した支援」の６点です。そして、近年は後述するように、施設養護から里親やファミリーホームなどの家庭養護が推進されており、施設は小規模化・地域分散化や高機能化・多機能化が求められています。

こうした流れの契機としては、2011（平成23）年７月に社会保障審議会がとりまとめた「社会的養護の課題と将来像」があります。そこでは、家庭的養護の推進（乳児院・児童養護施設が９割、里親・ファミリーホームが１割であるものから、里親・グループホーム・本体施設を３分の１ずつへ）や、施設の小規模化・地域分散化などが提起されましたが、2017（同29）年８月の「新しい社会的養育ビジョン」（以下「ビジョン」）では、それが全面的に見直され、就学前の子どもの施設入所を原則停止し、高い目標値を掲げて里親・特別養子縁組などの家庭養護を推進する提言がなされたため、関係者の間で大きな議論を呼びました。

「ビジョン」では、それまで使用されてきた「社会的養護」から「社会的養育」という用語に転換しています。これは児童養護施設（以下「施設」）や、里親以外の地域で暮らす子どもと家庭を含めたより広範な概念になったという点で、評価する見方もあります。しかし、これまで日本の社会的養護を支えてきた施設への客観的な評価がないまま、数値目標や家庭養護ありきで里親・特別養子縁組に転換することになるとしたら、本末転倒です。

そのため、日本の児童養護における制度・施策の脆弱さ（施設の職員配置、里親への支援策など）や、欧米で起きている里子が里親家庭を転々とせざるを得ないフォスターケア・ドリフト問題をふまえると、元全国児童養護施設協議会の藤野興一が提起した「日本型社会的養護（仮称）」*1のように、日本の実態に即した制度改革が必要といえます[1)]。

＊1　**日本型社会的養護（仮称）**
欧米のように施設を廃止して里親へ移行するという方向ではなく、日本独特の措置制度のもとで、４～６人の小規模ケア・個別ケアの拡充・強化を図りつつ、施設と里親が連携し、施設のソーシャルワーク機能などの専門性を生かした社会的養護を目指すものをいいます。

②「養護」と「児童養護問題」

前項でみてきた社会的養護の理念を理解するためには、「養護」と「児童養護問題」の本質を捉える必要があります。そこで、ここでは、「養護」と「養育」が持つ意味の違いについてみていきます。

まず、「養育」とは中嶌洋が指摘するように、「親または法定保護者が子どもを養い、保護し、育てること」を意味しており、「原則として夫婦関係と親子関係によって成立する家族という生活共同体の中で行われる親による扶養・監護・教育であり、親の生活行為の一部」です[2)]。一方、「養護」は後述する「養護問題」に対する国・地方自治体の責任による制度・施策の総称です。

このように、「養育」は親による私的扶養という意味合いがあり、社会的な意味を持つ「養護」とは異なる意味があります。この点について野澤正子は、「児童養護」と「養育」「養育ケア」は区別されるとし、「養育」「養育ケア」は親の私的生活のなかで、私的労働によって行われる私的ケアであるとしています[3)]。

特に「ビジョン」以降、政策的に使用されている「社会的養育」は、「社会的」という前置きがあるとはいえ、私的扶養の概念としての「養育」に入れ替わったことは、重要な意図があるといえます。こうした概念の転換は、国連の勧告や 2016（平成 28）年の児童福祉法改正が背景にありますが、その一方で従来の公費負担が大きい施設よりも、里親や特別養子縁組などの家庭養護へシフトしていくなかでは、行政コストを削減していくねらいもあるといえます。したがって、肯定的な側面だけではなく、概念の転換の背景にあるねらいをさまざまな観点から捉えていくことも必要です。

次に「児童養護問題」（以下「養護問題」）についてみていきます。まず、「養護問題」は施設への「入所理由」でみると、父または母の「虐待・酷使」「放任・怠だ」などとして現れています[4]。しかし、それは結果（現象）であり、親（または保護者［以下同じ］）が抱えている労働・生活問題を社会の仕組みと関連付けて構造的に捉えなければ、「養護問題」の本質はみえません。この点については、5年ごとに行われている厚生労働省の調査では、1992（平成4）年以降、施設で暮らす子どもの親の就労・所得などの調査項目が削除されたため、「養護問題」の全国的な実態を把握することが困難になっています[5]。

そうしたなかで、「養護問題」の背景には、厳しい社会の仕組みのなかで引き起こされる親の労働問題（特に失業）と、それ伴って引き起こされる生活問題の深刻化があり、最終的に子どもへの虐待・放任などの「養護問題」として顕在化していることを示している研究もあります[6][7]。

この点をふまえて「養護問題」を定義すると、「資本主義社会において親（または保護者）の失業・低賃金・不安定就労などの労働問題を契機として、生活問題（家計の脆弱化・破綻、住居の喪失、健康破壊、社会的孤立）が引き起こされ、最終的に子どもを虐待・放任するに至るほど追い込まれ、家庭で子育てをする機能が麻痺・崩壊した状態」といえます。したがって「養護問題」は、労働問題を軸に据えて、生活問題の一部として捉える必要があります。

2　社会的養護の体系

要約　社会的養護は大きく、乳児院・児童養護施設などの施設養護と、里親やファミリーホームなどの家庭養護に分けられます。

①社会的養護の体系

社会的養護には、都道府県・政令指定都市（児童相談所）などからの措置委託による児童福祉施設への入所または通所措置などがあります。そのほか、施設以外の受け皿として、近年、政策的に推進されている里親やファミリーホームなどがあります。

まず、児童相談所（以下「児相」）は、「養護問題」を背景として家庭で暮らすことができない子ども・家庭の調査、一時保護、施設・里親などへの措置を行う都道府県（政令指定都市・中核市・特別区を含む）の専門機関で、2023（令和5）年4月1日現在、全国に232か所設置されています。

2004（平成16）年の児童福祉法改正では、住民により身近な行政機関が対応できるよう、市町村が児童相談の第一義的な窓口を担うこととされましたが、児相では、保護を必要とする子どもについて、受理会議・調査・判定会議などを経て、児童養護施設・里親などへの措置委託や、在宅指導などが行われることになります。

在宅指導では、児童福祉司 *2 による面接・指導や家庭訪問を中心に、市町村や児童家庭支援センターなどの関係機関と連携しながら、親子への支援を行っています。一方、親子分離が必要な深刻なケースは、児童福祉施設または里親などへの入所措置がとられることになります。

＊2　**児童福祉司**
児童相談所に配置され、子どもや保護者等からの相談に応じ、必要な調査・診断・指導等を行う専門職です。

②社会的養護の種別

社会的養護は、大きく２つの種別に分けられます。１つは乳児院・児童養護施設などの施設養護で、もう１つが里親・ファミリーホームなどの家庭養護です（図１－１）。近年は、前者から後者への政策転換が急速に進められています。ここでは、施設養護のなかの養護系施設と家庭養護の内容についてみていきます。

○施設養護

［乳児院］

乳児院は、児童福祉法第 37 条で「乳児（保健上、安定した生活環境の確保その他の理由により特に必要のある場合には、幼児を含む。）を入院させて、これを養

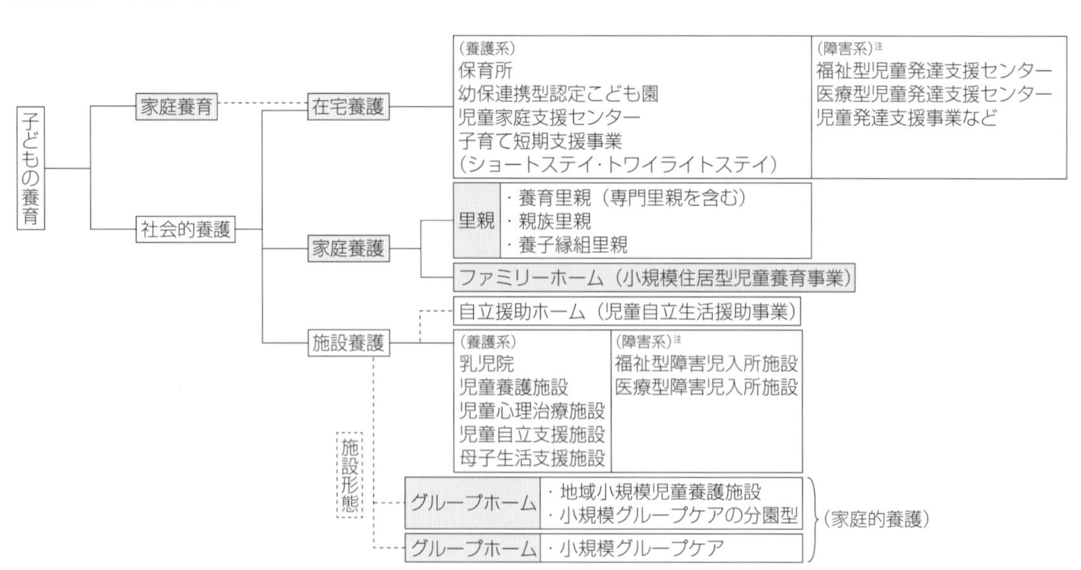

注　：障害系施設は、療育や治療的ケアと併せて養護の役割を担います。

図１－１　社会的養護の体系

出典：喜多一憲監修、堀場純矢編『みらい×子どもの福祉ブックス　児童家庭福祉』みらい　2017 年　p.127

育し、あわせて退院した者について相談その他の援助を行うことを目的とする施設」と規定されています。

2022（令和4）年3月末現在、全国に145か所あり、約2,351人の子どもが生活をしています[8]。厚生労働省「児童養護施設入所児童等調査結果（平成30年2月1日現在）」（以下「入所児童等調査」）によると、主な入所理由は多いものから、「父又は母の精神疾患等」（23.4%）、「父又は母の放任・怠だ」（16.7%）、「父又は母の虐待・酷使」（10.2%）となっています。

2004（平成16）年の児童福祉法改正では、乳児院と児童養護施設の入所年齢の要件が緩和され、特に必要がある場合、乳児院に就学前の幼児も入所することができるようになりました。

[母子生活支援施設]

母子生活支援施設は、児童福祉法第38条で「配偶者のない女子又はこれに準ずる事情にある女子及びその者の監護すべき児童を入所させて、これらの者を保護するとともに、これらの者の自立の促進のためにその生活を支援し、あわせて退所した者について相談その他の援助を行うことを目的とする施設」と規定されています。

母子生活支援施設は、児童福祉法のなかで唯一母子（家族）が一緒に入所する児童福祉施設で、1959（昭和34）年には652か所ありましたが、1960年代以降施設数は減少を続けています。2022（令和4）年3月末現在、全国に215か所あり、約3,135世帯が生活をしています[9]。

「入所児童等調査」によると、主な入所理由は多いものから、「配偶者からの暴力」（50.7%）、「住宅事情による」（16.4%）、「経済的理由による」（12.8%）となっています。また、母親の従業上の地位は「臨時・日雇・パート」が46.0%、「不就業」が32.0%で、平均年間所得も約193万円と経済的に厳しい状況に置かれています。

1997（平成9）年の児童福祉法改正では、「母子寮」から「母子生活支援施設」に改称され、2004（同16）年の改正では、支援の対象が退所した者にまで拡大されました。

[児童養護施設]

児童養護施設は、児童福祉法第41条で「保護者のない児童、虐待されている児童その他環境上養護を要する児童を入所させて、これを養護し、あわせて退所した者に対する相談その他の自立のための援助を行うことを目的とする施設」と規定されています。近年は政策的に小規模かつ地域分散化や、高機能化・多機能化が進められています。

2022（令和4）年3月末現在、全国に610か所あり、約2万3,008人の子どもが生活をしています[10)]。「入所児童等調査」によると、主な入所理由は、多いものから「父又は母の虐待・酷使」（22.5%）、「父又は母の放任・怠だ」（17.0%）、「父又は母の精神疾患等」（15.6%）となっています。

2022（令和4）年の児童福祉法改正（施行は2024［同6］年4月1日）では、児童養護施設等に入所している子どもの支援対象年齢の上限が撤廃されました。具体的には、20歳まで措置延長により入所していた場合、それ以降は児童自立生活援助事業を活用し、都道府県が必要と判断する時点まで支援を受けることを可能とするものです。

［児童心理治療施設］

児童心理治療施設（旧・情緒障害児短期治療施設）は、2016（平成28）年の児童福祉法改正で名称変更がなされました。児童福祉法第43条の2には、「家庭環境、学校における交友関係その他の環境上の理由により社会生活への適応が困難となつた児童を、短期間、入所させ、又は保護者の下から通わせて、社会生活に適応するために必要な心理に関する治療及び生活指導を主として行い、あわせて退所した者について相談その他の援助を行うことを目的とする施設」と規定されています。

2022（令和4）年3月末現在、全国に53か所設置されています[11)]。「入所児童等調査」によると、主な入所理由は多いものから、「児童の問題による監護困難」（38.6%）、「父又は母の虐待・酷使」（27.5%）、「父又は母の放任・怠だ」（8.6%）となっています。

児童心理治療施設は、家庭機能の回復と子どもの生活環境の調整を図るため、保護者も含めた家族療法を実施しています。また、心理療法担当職員[*3]が子ども10人に対して1人配置されており（予算措置上は子ども7人に対して1人）、児童指導員[*4]や保育士とともに、子どもを支援しています。また、施設の敷地内に分校（分級）が設置されています。

＊3　**心理療法担当職員**
虐待等による心的外傷等のある子ども等に、遊戯療法、カウンセリング等の心理療法を実施し、対象者の自立を支援する専門職です。

＊4　**児童指導員**
子どもとともに生活を送りながら保護者の代わりとなって、生活指導や学習指導などを行う専門職です。

［児童自立支援施設］

児童自立支援施設は、児童福祉法第44条に規定されています。1997（平成9）年の児童福祉法改正までは「不良行為をなし、又はなすおそれのある児童」を対象とする施設でしたが、法改正後はそれに加えて、「家庭環境その他の環境上の理由により生活指導等を要する児童」に拡大され、目的に「自立を支援」することが追加されました。また、「学校教育に準ずる教育を実施」から「通常の学校の教育（公教育）を実施」することに改正されました。

2021（令和3）年10月1日現在、全国に58か所設置されています[12)]。

都道府県に設置義務があるため、民間施設は２か所のみです。「入所児童等調査」によると、主な入所理由は多いものから、「児童の問題による監護困難」(68.2%)、「父又は母の虐待・酷使」(9.8%)、「父又は母の放任・怠だ」(6.5%) となっています。

[自立援助ホーム]

自立援助ホーム（児童自立生活援助事業）は、1997（平成９）年の児童福祉法改正により、第２種社会福祉事業 *5 として制度化され、2021（令和３）年 10 月１日現在、全国に 229 か所設置されています[13]。「入所児童等調査」によると、主な入所理由は多いものから、「父又は母の虐待・酷使」(26.7%)、「児童の問題による監護困難」(22.1%)、「父又は母の放任・怠だ」(8.7%) となっています。

2008（平成 20）年の児童福祉法改正により、都道府県の措置から本人からの申込みによる実施とされ、対象年齢も義務教育終了後から満 20 歳までとされました。また、2016（同 28）年の児童福祉法改正により、大学等に在籍している場合、22 歳までの入所が可能となりました。

○家庭養護

[里親制度]

里親制度は、1947(昭和 22)年の児童福祉法制定と同時に規定されました。その後、2002（平成 14）年の「里親の認定等に関する省令」「里親が行う養育に関する最低基準」の制定により、それまでの「養育里親」*6「短期里親」に加えて、新たに「専門里親」*7「親族里親」*8 が制度化されました。

そして、2008（平成 20）年の児童福祉法改正では、「養育里親」と「養子縁組里親」*9 を制度上区別し、都道府県における里親支援の業務を明確化しました。また、里親手当も年々増額され、2022（令和４）年度の養育里親の手当は１人目が９万円（２人目以降も同額）に、専門里親は 14 万 1,000 円（２人目も同額）となっています（そのほか、一般生活費５万 2,370 円 [乳児以外] や子どもの生活費なども支給）。

2022（令和４）年３月末現在、登録里親数は１万 5,607 世帯で、委託里親数は、4,844 世帯（委託児童数 6,080 人）です[14]。「入所児童等調査」によると、主な委託理由は、多いものから「養育拒否」(15.3%)、「父又は母の放任・怠だ」(13.2%)、「父又は母の死亡」(13.2%) となっています。

[ファミリーホーム]

ファミリーホーム（小規模住居型児童養育事業）は、2008（平成 20）年の児

＊5　**第２種社会福祉事業**
第１種社会福祉事業と異なり、経営主体に制限がなく、利用者への影響も小さく、公的規制の必要性が低い事業をいいます。

＊6　**養育里親**
養子縁組を前提とせず、要保護児童の養育を行う里親をいいます。

＊7　**専門里親**
要保護児童のうち、虐待等で心身に有害な影響を受けた子ども、非行傾向のある子ども、障害のある子どもの養育を行う里親をいいます。

＊8　**親族里親**
養護を必要とする子どもを民法で定める扶養義務者及びその配偶者である親族が養育する里親をいいます。

＊9　**養子縁組里親**
養子縁組によって養親となることを希望する里親をいいます。

童福祉法改正で第２種社会福祉事業に位置付けられました。2022（令和４）年３月末現在、全国で446か所が設置・運営され、1,718人の子どもが委託されています[15)]。

「入所児童等調査」によると、主な委託理由は、多いものから「父又は母の虐待・酷使」（14.9％）、「父又は母の精神疾患等」（14.3％）、「父又は母の放任・怠だ」（13.8％）となっています。

ファミリーホームは５～６名の子どもを養育者の住居において養育する事業で、事務費・事業費が公費から支給され、都道府県等の指導・監督を受けることになります。運営は法人だけでなく個人も可能で、人員配置は養育者３名以上とされており、そのうち１名以上が当該住居に本拠を置くこととされています。

Section 2 社会的養護に関わる職員の勤務体制と労働条件

3分 Thinking

- あなたが将来、社会的養護に関わる職員として働くことになった場合、安心して働き続けるにはどのような条件が必要かについて考えてみましょう。

1　社会的養護に関わる職員の勤務体制と労働条件

要約 ここでは社会的養護に関わる職員（主に児童養護施設）の勤務体制と労働条件についてみていきます。近年、政策的に施設の小規模かつ地域分散化が進められており、そうしたなかで、職員の労働環境も大きく変化しています。

①職種と勤務体制

児童養護施設（以下「施設」）のほとんどは、民間の社会福祉法人によって運営されており、そこでは約２万600人の職員が働いています[16)]。働いている職種は、施設長、事務員、家庭支援専門相談員（ファミリーソーシャルワーカー）*10、個別対応職員*11、里親支援専門相談員*12、児童指導員、保育士、心理療法担当職員、看護師、栄養士、調理員など、多岐にわたっています。

施設では、これらの職種がチームで子どもたちをケアしています。具体的には、子どもの生活支援に加えて、行事の計画・実施、学校や児童相談所との連携、家族や退所者への支援などの業務を担っています。職員は、労働時

＊10　**家庭支援専門相談員**
児童相談所との密接な連携のもと、施設に入所している子どもの早期家庭復帰、里親委託等を目的として相談・指導等を行う専門職です。

間や賃金・休日などについては労働基準法や就業規則、そして、施設内の業務では、関係する法令や施設の方針などに即して、職員集団で協力しながら、子どもたちのケアにあたることになります。

職員の勤務は、早番・遅番・断続勤務などの交替制の勤務がとられています。断続勤務とは、午前と夕方以降に勤務を分割する勤務（例：午前６～９時、午後４～９時）です。断続勤務は、子どもがいる時間帯に職員を重点的に配分する勤務形態ですが、その背景には職員の配置基準が低く、早番・遅番などの継続勤務だけでは勤務を組むことが難しいという制度面の課題があります。

施設の職員配置基準は、子ども 5.5 人：職員１人（予算措置上は子ども４人：職員１人）で、近年はこの基準に加えてさまざまな加算制度があり、地域小規模児童養護施設と分園型小規模グループケアでは 2020（令和２）年度以降、予算措置上は子ども６人：職員６人を配置できる状況もあります。

しかし、実際には職員の確保、育成が困難でそこまで配置できている施設は少ないことや、職員の休憩・公休・産休・育休の取得などを踏まえると、十分とはいえません。

なお、休日については、多くの施設で労働基準法に基づき、４週８休（変則）になっています。ただし、施設によっては、担当の子どもの参観日や職員会議などで、休日に出勤せざるを得ない場合もあります。

＊11　**個別対応職員**
虐待を受けた子どもなど個別対応が必要な子どもに、個別面接や生活場面での１対１の対応により心身のケアを図るとともに、保護者への支援等も行う専門職です。

＊12　**里親支援専門相談員**
施設に入所している子どもの里親委託の推進、退所する子どものアフターケアとしての里親支援とともに、地域における里親支援を行う専門職です。

②措置費と労働条件

施設で働く職員の年収（税込み）は、筆者が 2016（平成 28）年に行った 20施設のアンケート調査をみると、「300～350万円未満」（19.8%）、「250～300 万円未満」（13.1%）、「350～400 万円未満」（11.7%）の順となっています[17)]。このように、400 万円未満の年収が多くみられましたが、これは 20 代～ 30 代前半の職員の割合が高いことや、勤続年数が短いこと（5 年以下が 45.7%）も影響しています。

施設は国・自治体が公費で責任を持つ措置制度が維持されているため、関連職種と比較すると、労働条件は相対的に安定しています。例えば、筆者が 2009（平成 21）～ 2010（同 22）年に実施した、５施設のアンケート調査では、正規職員の平均年収が約 511 万円（非正規 268 万円）[18)] で、前述した調査と同じ 2016（平成 28）年度の「民間給与所得者」422 万円（46 歳）や、「保育士」327 万円（36 歳）、「福祉施設介護員」322 万円（41 歳）、「看護師」481 万円（39 歳）[19)] と比較して低くはありません。

また、勤続年数ごとのモデル賃金をホームページで公開している東京都の施設では、勤続 35 年の大学卒・管理職で年収は約 830 万円で、これに通勤・

住宅・扶養・宿直などの諸手当を加えると、年収はそれ以上になります[20]。

これは施設の年収がもともと高いのではなく、保育・介護などの分野では措置制度が解体されたため、結果としてそうなったということです。しかし、「非正規」の年収が低いことや、地方公務員の平均年収646万円（42歳）[21]と比較すると格差があることが課題です。

施設の給与は、初任給はほぼ同じ水準であっても、公私間格差是正制度がある自治体を除いて、施設（法人）ごとに独自の給与体系をとっています。また、職員の本俸基準額は、福祉職俸給表に規定されています。その内訳（2021［令和3］年度）は、「児童指導員」220,830円（国家公務員福祉職俸給表2級5号俸）、「保育士」205,530円（同1級29号俸）です[22]。

職員の初任給（本俸）は、主に学歴・職種によって区分され、短大・専門学校卒が15～16万円、大学卒が17～18万円です。それに加えて、民間施設給与等改善費、特殊業務、宿直、超過勤務、住宅、通勤、扶養などの手当が支給されています。賞与も公務員並みに支給されており、年間で本俸（一部、手当含む）の約4か月程度が一般的です。

民間と公立施設の本俸は、採用時こそ民間が約1万円低い程度ですが、措置費の制約上、経験年数を重ねるごとに格差が顕著になってきます（ただし、昇給の財源として「民間施設給与等改善費」*13の加算あり）。これは、前述したように、措置費の基準額が民間施設の平均勤続年数（約5～7年）をもとに算定されているからです。

近年は、政策的に施設の小規模かつ地域分散化が進められており、そうしたなかで、家庭的な環境で子どもに個別的なケアがしやすい一方、宿直や一人勤務の増加など、職員の労働環境が大きく変化しています。この点については、改めてChapter 8で取り上げます。

＊13　**民間施設給与等改善費**
民間の社会福祉施設においては公務員並みの昇給が困難なことから、給与を補てんする財源として、1972（昭和47）年に創設されました。要件を満たした民間施設に、職員の平均勤続年数に応じて8～25％が加算されています。

2　労働組合の役割

要約 ▶ 社会的養護に関わる職員の労働条件を守り、向上させていくには、労働組合の役割が重要です。

労働組合（以下「労組」）とは、憲法や労働組合法に規定された労働者の権利を守るための組織です。施設は子どもが生活をする場所ですが、そこで働く職員の権利が守られていないと、子どもに適切なケアをすることはできません。実際に、労組があることによって、施設の経営者と対等に交渉し、職員の労働条件・労働環境を改善することができている例もあります（p.33コラム①参照）。

また、労組の産業別組織率は筆者が算出した民間の社会的養護関係施設（児童養護施設、乳児院、児童心理治療施設、母子生活支援施設）で1.5%*14、自治労や地域労組に加盟している者を加えても、2.2～2.4%程度に留まると推測されます。

これは、同年の「全労働者」（16.7%）や関連職種（「公務」34.0%、「教育・学習支援業」14.7%、「医療・福祉」6.3%）の推定組織率[24]と比較して、顕著に低いですが、労組の有無にかかわらず、職員の労働条件・労働環境はケアの質にも大きく影響するため、その改善が課題です。この点について施設では、職員配置が手薄なため、人がいないから労働環境を改善することができないという議論になりがちです。しかし、休憩や有休の確保に向けて、業務内容や勤務を再点検し、現状を変えていく必要があります[25]。

施設では、多少の超過勤務はやむを得ない面もありますが、職員が自らの人権すら守られていない状態に置かれていては、子どもの人権を守ることはできません。そのため、ディーセント・ワーク（働きがいのある人間らしい仕事）の視点をふまえて、子どもと職員双方の人権を一体的に保障するしくみを整備する必要があります。

また、施設では措置費の限界から、制度の改善は労使双方の課題であることや、組織率が高い施設では職場の要求が一本化され、職員集団もまとまりやすいことから、労組は労使双方にとってメリットがあります。さらに、労組は経営側へのチェック機能、異議申し立て機能、苦情処理機能[26]などにより、職員の不満が吸収され、勤続年数の向上につながるなどのメリットもあります。

そのため、施設においても職員が団結し、労働条件・労働環境について、経営者と対等の立場で交渉することができる労組の役割が重要といえます。

＊14
産業別の組織率は、全国福祉保育労組の組合員数（428人。2019年度。分会数は39か所）と常勤換算従事者の総数27,996人（2019年10月1日現在[23]。）から算出した。ただし、母数が常勤換算従事者であることや、自治労や地域労組は筆者が当該労組に加入している施設関係者に情報収集した組合員数の推計値（200～230人程度）から算出したため、正確な数値とはいえない面もあります。

【引用文献】

1）藤野興一「新たな社会的養育の在り方に関する意見」2017年
2）中嶌洋「児童養護の理論」浅井春夫監修・中山正雄編『児童養護の原理と実践的活用』保育出版社　2004年　p.64
3）野澤正子『児童養護論』ミネルヴァ書房　1991年　pp. 7 - 9
4）厚生労働省「児童養護施設入所児童等調査結果（平成30年2月1日現在）」2020年 https://www.mhlw.go.jp/content/11923000/001077520.pdf（2023年6月14日閲覧）
5）松本伊智朗「子どもの貧困と社会的排除―研究のための予備的ノート―」『総合社会福祉研究』第29号　総合社会福祉研究所　2006年　pp.31-45
6）増淵千保美『児童養護問題の構造とその対策体系－児童福祉の位置と役割』高菅出版　2008年

7）堀場純矢『階層性からみた現代日本の児童養護問題』明石書店　2013年
8）こども家庭庁「社会的養育の推進に向けて（令和5年4月5日）」 https://www.cfa.go.jp/policies/shakaiteki-yougo/（2023年6月7日閲覧）
9）前掲8）
10）前掲8）
11）前掲8）
12）前掲8）
13）前掲8）
14）前掲8）
15）前掲8）
16）前掲8）
17）堀場純矢「児童養護施設における職員の賃金－労働組合の有無別のアンケート調査から－」『社会的養護研究』Vol.3　創英社　2023年 pp.102-111
18）堀場純矢『階層性からみた現代日本の児童養護問題』明石書店　2013年 p.225
19）「全労働者」は、国税庁「平成28年分 民間給与実態統計調査－調査結果報告－」をもとに算出 https://www.nta.go.jp/publication/statistics/kokuzeicho/minkan2016/pdf/000.pdf（2023年3月12日閲覧）
「保育士」「福祉施設介護員」「看護師」は、厚生労働省「平成28年　賃金構造基本統計調査」をもとに算出 https://www.e-stat.go.jp/stat-search/files?page=1&layout=datalist&toukei=00450091&tstat=000001011429&cycle=0&tclass1=000001074669&tclass2=000001074675&tclass3=000001074676&cycle_facet=tclass1&tclass4val=0（2023年3月12日閲覧）
20）児童養護施設・子供の家「モデル賃金」https://www.kiyose-kodomonoie.com/wp-content/themes/kiyose-kodomonoie/pdf/model_wages.pdf（2023年2月12日閲覧）
21）総務省「平成28年　地方公務員給与の実態－平成28年4月1日－地方公務員給与実態調査結果」https://www.soumu.go.jp/main_sosiki/jichi_gyousei/c-gyousei/kyuuyo/h28_kyuuyo_1.html（2023年3月12日閲覧）
22）厚生労働省「児童福祉法による児童入所施設措置費等国庫負担金交付要綱の改正点及びその運用について（事務連絡 令和4年2月16日）」
23）厚生労働省「令和2年 社会福祉施設等調査」https://www.e-stat.go.jp/stat-search/files?page=1&toukei=00450041&tstat=000001030513&tclass1=000001161068（2022年12月26日閲覧）
24）厚生労働省「令和元年（2019年）労働組合基礎調査」の概況 https://www.mhlw.go.jp/toukei/itiran/roudou/roushi/kiso/19/index.html（2022年12月23日閲覧）
25）重田博正『保育職場のストレス―いきいきとした保育をしたい！―』かもがわ出版　2010年　pp.109-110
26）設楽清嗣・高井晃『いのちを守る労働運動―最前線9人の証言―』論創社 2010年　pp.250-251

●学びを振り返るアウトプットノート

年　月　日(　)　第(　)限　学籍番号＿＿＿＿＿＿　氏名＿＿＿＿＿＿＿＿＿＿

❖ このChapterで学んだこと、そのなかで感じたこと（テーマを変更してもOK）

❖ 理解できなかったこと、疑問点（テーマを変更してもOK）

❖演習課題❖

1. 社会的養護の理念・体系をふまえて、将来、社会的養護に関わる職員として働くうえで何を大切にして実践していきたいかを考えてみましょう。
2. 社会的養護で働くうえで、安心して長く働き続けるには何が必要かについて考えてみましょう。

○ コラム① 児童養護施設における働きやすい環境づくり ○

Section 2で学んだ通り、労働組合（以下「労組」）とは、労働者が主体となってつくっている組織であり、雇用者と交渉して労働者の地位の向上や労働環境の改善を求めることが主な役割です。筆者の職場である児童養護施設・児童家庭支援センター・子育て支援センター「一陽」では、「自分たちが働くのだから仕事や職場のあり方は自分たちで責任を持って決める」「自分たちで自分たちの働き方を日々考え改善していく」という職場風土づくりを目指しています。

一陽では、特に職員集団づくりに力を入れています。まず、職員採用試験の方法が特徴的です。保育士や児童指導員などは保育士や児童指導員などが、調理員は調理員が、というように自分たちで採用を行います。"一緒に働く仲間を自分たちで選んでいる"からこそ"自分たちで責任を持って育てていく"という意識を持つことができます。また、新人職員へのケアとして、チューター制度やSV（スーパービジョン）制度を活用しています。チューター制度は新人職員に対して専属で中堅職員が付き、処遇や人間関係などの悩みを聞いて解決に導く役割を担っています。チューターだけで解決が難しい場合には、人材育成を目的として、処遇実践の悩みなどを解決するための支援・指導を行うSVにつなげるようにしています。職員個人の問題ではなく施設全体の課題と捉え、バーンアウト（燃え尽き症候群）や問題を一人で抱え込まないことが目的です。また、職員は全員が子どものことを一番に考えて養育を行っていますが、それぞれ育ってきた背景が違うため、意見や考え方の違いで衝突してしまうことももちろんあります。その際には、ディーセント・ワークシステムという三審制の協議システムを用い、第三者の仲間の職員が介入・仲裁し、解決に導きます。

また、勤務ローテーションも職員集団で協議をしています。ワーク・ライフ・バランス（仕事と生活の調和）を考えた働き方をすることが、仕事を長く続けられることにつながります。一陽では出産や育児を経験し、産休・育休を取得した先輩職員が中心となって勤務を組み、他の職員に提案しています。そして職員全員の同意を得て実現に至っています。どのような勤務なら退職せずに長く続けられるか、家庭と仕事の両立ができるか、ということを全員で考えています。また、365日24時間子どもがいるため、職員は年末年始、お盆等も普段と変わらず働きます。そのため、有休取得に関しては年間最低取得日数を15日と定め、その達成に向け全員で協力し合っています。

以上のような職員の働きやすい環境づくりができるのも労組があるからです。労組がなければ、トップダウンで物事が決まり、職員の提案は受け入れられないこともあるかもしれません。労組は労働者の労働環境を守る大切な役割を果たしているのです。

社会的養護における支援内容

●イメージをつかむインプットノート

Section 1 「施設養護の展開（アドミッションケア～アフターケア）」のアウトライン

社会的養護に関わる施設では、子どもの生活支援だけでなく、自立に向けた支援も大切な取り組みとなります。それぞれの段階で、どのような支援が必要なのか、一人の子どもの自立を連続的に支援していく取り組みを考えます（p.37）。

Keyword

- ☑ アドミッションケア
- ☑ インケア
- ☑ リービングケア
- ☑ アフターケア

すべての支援はつながっています。

Section 2 「施設養護のインケア（日常生活支援・治療的支援・自立支援）」のアウトライン

施設養護のインケアは、大きく分けて３つ（日常生活支援・治療的支援・自立支援）あります。この３つは施設の支援として分類されていますが、それぞれが重なり合いながら子どもたち一人ひとりの状況や、本人の意思、家族の意思、そして職員の専門的な見解をもとに、短期・中期・長期の目標を立て日々の支援につなげられています（p.41）。

Keyword

- ☑ 日常生活支援
- ☑ 治療的支援
- ☑ 自立支援

日常生活支援

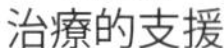

治療的支援

自立支援

Section 3 「家族支援」のアウトライン

社会的養護における家族支援では、措置されている子どもの家庭に対して、家族と子どもの関係調整をし、家族として再出発（家族の再統合）することができるようにさまざまな職種が協働して支援をしています。

また、児童相談所、学校や保育施設などの地域の機関と連携して、措置になる前段階の虐待の発生予防・早期発見・早期対応をし、保護をするだけでなく、見守り支援も含めた支援を行っています（p.44）。

Keyword

- ☑ 家族支援
- ☑ 児童相談所
- ☑ 児童家庭支援センター
- ☑ 保護者支援プログラム
- ☑ 家族応援会議

家族の笑顔のためにさまざまな職種が協働して支援します。

Section 1　施設養護の展開（アドミッションケア～アフターケア）

3分 Thinking

- 「自立」という言葉に対してどのようなイメージを持つか考えてみましょう。また、社会的養護のもとにいる子どもが自立していくときに必要な支援についても考えてみましょう。

1　施設養護の展開

要約 施設養護では、入所前後の支援（アドミッションケア）から退所後の支援（アフターケア）まで、つながりをもって取り組むことが重要です。特に退所後の支援は、入所中の支援（インケア）がどれだけ手厚くされていたかということと、入所中に子どもとの信頼関係をいかに構築できるかが重要となります。

①施設入所の経緯

子どもが施設に入所する理由はさまざまです。厚生労働省の「児童養護施設入所児童等調査結果（平成30年2月1日現在）」によると、児童養護施設入所児の入所時点での家庭の状況（養護問題発生理由）は、「父又は母の虐待・酷使」22.5%（前回*1 18.1%）、「父又は母の放任・怠だ」17.0%（前回14.7%）となっています。一般的に「虐待」とされる「虐待・酷使」「放任・怠だ」「棄児」「養育拒否」を合計すると45.2%（前回37.9%）で、「虐待」を理由とした入所が増えています。

また、こども家庭庁の資料[1]によると、2021（令和3）年度中に児童相談所が虐待相談を受け付けた後の対応状況（総数20万7,660件）は、「助言指導」や「継続指導等」のいわゆる「面接指導」がほとんどであり、施設入所等に至るのは4,421件（2.1%）となっています。このことからも、いかに重篤な虐待を受けた子どもたちが、施設入所に至っているのかが想像できると思います。

そのような状況のなか、施設養護は子どもの生活支援を中心に子どもの経済的職業的自立*2を目指し、①アドミッションケア（入所前後の支援）、②インケア（日常生活での支援）、③リービングケア（退所前の支援）、④アフターケア（退所後の支援）というプロセスを通して行われています。

＊1
平成25年2月1日現在の調査結果に基づいています。

＊2
厚生労働省「子ども虐待対応の手引き」では、「自立」を①経済的職業的自立、②心理的社会的自立、③生活技術的自立としています。

②施設養護の展開

○アドミッションケア

施設入所前後の支援のことを指します。施設入所を控えた子どもたちは、これからの施設生活にとても大きな不安を抱えています。そのため、入所理由や家族関係、その子どもの情報などをできる限り多く収集するとともに、入所する子どもの気持ちに思いをはせながら、安心した生活が始められるような環境づくりに努める必要があります。

また、子どもを受け入れるときには、施設で生活する子どもたちや同じ部屋で過ごす子どもたちへの事前の意識付けと協力を得ることも必要になるでしょう。さらに、他施設からの措置変更*3で入所してくる場合は、他施設との連携のなかで、情報共有と慣らし（体験）保育を大切にしながら、子どもが早く安心できるような環境を用意することが大切です。子どもの施設生活をより充実させるためには、早期に子どもの様子を十分に把握し、分析・評価（アセスメント）しながら今後の支援を考えていくことが重要であるといえます。

＊3　**措置変更**
措置される先が変わり、子どもの生活する場所が変わることをいいます。

○インケア

施設入所中の生活支援のことを指します。衣食住をはじめとする基本的生活習慣の確立を目指した支援は、子どもが施設生活で安心して生活することにつながり、社会生活に適応できるかどうかにも影響を与えます。子どもは生活支援を通して、職員との信頼関係を構築したり、自身の自己肯定感を育み高めていきます。

一方、施設に入所してきたばかりの子どもたちのなかには、生活リズムが確立されていない場合もあるため、施設生活で子どもの年齢や発達に応じた日課を設定しながら、生活習慣の確立を目指すことも大切です。

そして重要なことは、入所中の生活支援のなかで、その子どもの自立を意識した取り組みが継続的にできるかどうかです。次に説明するリービングケアでは、退所後の生活に合わせたより実践的な支援が主となりますが、生活支援自体が自立につながっていくという意識を持って取り組むことが重要なのです。また、退所後も子どもの相談に乗ったり、頼られる存在（関係性）になるために、日々の生活支援を通して子どもとの関係性を構築していくことが求められます。

○リービングケア

施設から家庭へ戻り生活を送る子どもや、高校を卒業し進学・就職等で社会へ出ていく子どもなどへの退所準備支援のことを指します。

リービングケアで実際に行われていることは、施設内の自立訓練室や個室スペースを活用した「一人暮らし体験」です。施設では、大勢の子ども・職員に囲まれ一緒に生活しているため、頼ることができる人（職員）の存在がいつも身近にありますが、施設を退所したあとに一人で生活していく場合はそうはいきません。新しい環境や人間関係に慣れるまで時間もかかり、さまざまな悩みに直面することもあります。

そのため、「一人暮らし体験」を行い、例えば１か月分の食費や水道光熱費などを設定し、自ら買い物に行って献立を考え調理したり、起床や就寝時間などの日課を決めたりしながら、社会に出たときの生活に近い形で生活していきます。また、金銭管理の方法、保険や行政機関での手続き（住民票や戸籍の取り方）などを体験的に学ぶことも必要です。

このような体験を繰り返していくことで、社会生活をスムーズに送ることができるように支援していきます。

○アフターケア

2004（平成 16）年の児童福祉法改正で「退所した者への相談その他の援助」が、乳児院・母子生活支援施設・児童養護施設・児童心理治療施設・児童自立支援施設の目的に加えられました。

アフターケアは、高校卒業後の進学・就職などで社会へ出た子どもへの支援と家庭引取り後の継続した支援の２つに分かれます。家庭引取りの場合(特に年齢が低い子どもの場合)、児童相談所や市町村の家庭児童相談室等との連携により､定期的な家庭訪問や継続的に状況を把握することが必要になります。

また、アフターケアは、職員が個人的に実施するものではありません。東京都などでは、アフターケアを専門に行う「自立支援コーディネーター」*4の配置が進んでおり、その組織的な運営が実施されています。しかし、施設を退所した人のなかには、入所中に信頼関係が築けた職員に相談するケースが多く、職員個人への負担につながりかねない現状もあります。

そこで、仮に退所した人から相談（連絡）を受けた場合は、誰がどのように対応するのか、どこの機関につなげていくことが必要なのかを施設内で明確にしておくことが重要です。加えて、アフターケアを実施した際の支援内容を記録しておくことも大切です。

2005（平成 17）年には、「児童福祉施設の設備及び運営に関する基準」が改正され、それに伴い、乳児院・母子生活支援施設・児童養護施設・児童心理治療施設・児童自立支援施設に自立支援計画（Chapter 3 Section 1 参照）の策定が義務付けられました。この自立支援計画は、アドミッションケアからアフターケアまでの支援のプロセスを意識しながら策定されます。

また、2024（令和 6）年 4 月より施行される児童福祉法等の一部を改正する法律では、「社会的養育経験者・障害児入所施設の入所児童等に対する自立支援の強化」が掲げられており、満 20 歳以降も児童自立生活援助事

＊4　**自立支援コーディネーター**
入所児童の就職や進学に向けた準備から退所後の継続的な支援を専任で行うほか、継続支援計画の作成や、進路指導に関する施設職員への助言、学習支援に取り組む地域のボランティア団体等との連携などを行います。東京都は 2012（平成 24）年から児童養護施設に配置する取り組みを開始しています。なお、児童相談所設置自治体を対象としたアンケート調査によると、支援コーディネーターを 1 人以上配置していると回答した自治体は 56.1% となっています（2021［同 3］年 3 月現在）。

業を活用し、同じ施設等に入所等し続けることが可能となりました。

そして、都道府県の業務として施設を退所した者（措置解除者等）の実情を把握し自立のために必要な措置を講じることを明記し、生活・就労・自立に関する相談等の機会や措置解除者等の間の相互相談等の場を提供する事業を制度に位置づけるなど、自立支援施策の強化が盛り込まれています。

○施設生活が子どもの将来につながるために

アフターケアが充実したものになるかどうかは、入所中の職員と子どもとの関わり（インケア）が鍵になるといわれています。この点について、伊部恭子は「退所後の支援を見通したインケアにおける支援のあり方が、当事者の生と生活の力を育み、施設退所後に困難等を抱えた時の対処の仕方や課題解決の仕方に活かされる可能性が確認された」[2)]と述べています。また、厚生労働省の通知である「子ども虐待対応の手引き」では、「自立するためには、困ったときには助けてもらえるという体験を重ねることが重要であり、自分にとって重要な人物との間に愛情と信頼のしっかりした絆（attachment）を確立することが前提となろう」[3)]と記されています。このように、普段の生活から施設を退所した後の支援を意識した関係づくりを大切にしていく必要があるのです。

一方、全国児童養護施設協議会の『児童養護における養育のあり方に関する特別委員会報告書』には、「これまでおとなや援助者の立場から望ましい施設のあり方については検討されてきたものの、実際に施設にいる子どもたちや施設を退所した人々がどのような施設や援助のあり方を求めているか、思いをいだいているのかということについては、あまり深く考えてこなかった」[4)]とあります。職員は施設生活のなかで「子どもが（将来）幸せになるように…」と願いながら、子どもに真摯に向き合い、考え、寄り添いながら支援していることと思います。しかし、時にそれが職員だけの思いに偏ってしまう可能性もあります。そのため、施設養護のあり方や職員の対応について施設退所者から当時の思いを聞く機会を持ち、現在の子どもたちの支援につなげていく取り組みなどをしていくことも重要です。

Section 2 施設養護のインケア(日常生活支援・治療的支援・自立支援)

3分 Thinking

- 「施設養護におけるインケア」と聞いてどのようなことを思い浮かべますか。Keyword (p.34参照)にある日常生活支援・治療的支援・自立支援という言葉から具体的なイメージを膨らましてみましょう。

1　施設養護における日常生活支援

要約 施設養護における日常生活支援とは、子どもたちの年齢や個性、能力を見極めながら、衣食住をはじめとした日常の支援を通して、健全な成長のサポートと基本的生活習慣を身に付けさせることを目的としています。また、行事などの文化的な関わりや、個々の課題にアプローチするなかで関係性を深め、愛着形成を図ることを目指します。

日常生活支援は、保育士や児童指導員が子どもたちの生活を支えるなかで、時にはぶつかり、時には寄り添いながら行われています。

具体的には、平日の午前中は子どもたちの起床から始まり、朝食、歯磨きや身だしなみを整える登校支援を行った後、洗濯や居室・トイレなどの清掃、環境整備を行います。そして午後には、子どもたちが学校から帰ってきてからの学習支援、夕食、入浴、余暇、就寝の支援を行います。食事に関しては、施設ごとに違いはありますが、小規模グループケアや地域小規模児童養護施設では、生活単位ごとに調理をするところが増えており、子どもたちの間近で食事づくりをすることで食育につなげています。

休日の場合は、平日の支援から登校支援などを除き、余暇の支援がその多くを占めます。その余暇活動のなかには、一般の家庭と同じように友人と遊ぶものや、職員と一緒にスポーツや音楽を楽しむもの、施設全体で行うお祭りやクリスマス会などの季節ごとの行事があります。

この日常生活支援の要は、職員の連携と支援目標の共有です。現在、社会的養護に関わる児童福祉施設は小規模化が進められています。一方で、職員数は以前より増えています。しかし、職員は365日・24時間、交替制で子どもたちの日常生活支援をしており、子どもたちも一人ひとり違うように、職員も一人ひとりの養育観があり、関わり方も異なるため、きめ細やかな連携がとても重要になります。そうした連携の軸になるものが、子どもたち一人ひとりの短期・中期・長期的な支援目標であり、日ごろからの職員同士のコミュニケーションといえるでしょう。

2　施設養護における治療的支援

要約　施設には、虐待による心の傷から情緒が不安定な子どもや、発達障害などの専門的なケアを必要とする子どもたちも生活しています。そういった子どもに対して、生活のなかで治療的な支援や、施設に入所しながら障害者サービスを利用することで、個々の発達に応じた支援を通して他職種と協働し、心理的、時には医療的な支援を行うこともあります。

社会的養護を必要とする子どもたちの多くは、何らかの虐待を経験しており、それは年々増加傾向にあります（図２－１）。それに加えて、知的障害や発達障害などを抱えている子どもの入所も増加傾向にあります（図２－２）。施設に入所している子どもたちには、日常生活支援だけではなく、虐待体験や分離体験などによる心の傷の癒しと回復を目指した治療的な支援が求められています。

虐待を受けた子どもは、その過酷な環境から情緒が不安定になったり、自分の感情をうまく表出することができずに攻撃的になってしまったりする場合があります。また、発達障害によく似た症状になる子どもも多く、その見極めと適切な支援が必要になります。

具体的には、セラピーやカウンセリングを通した心理支援や、医師からの助言を日常生活支援での関わりに生かしていきます。例えば、すぐにカッと

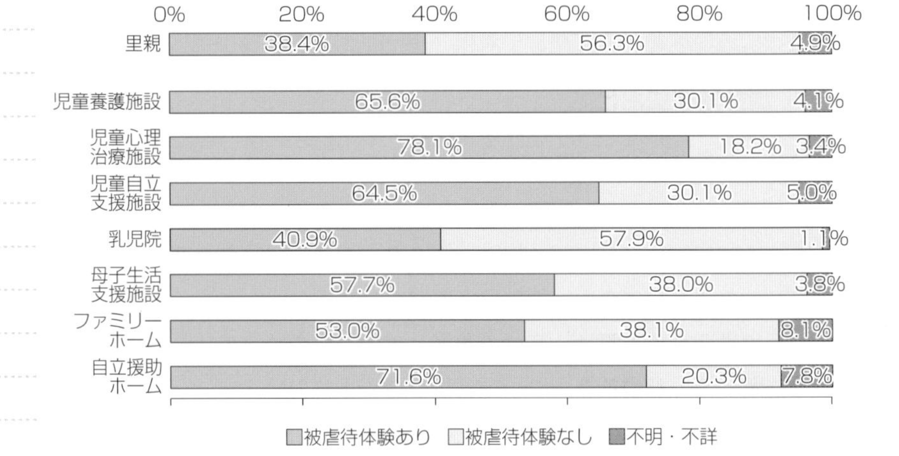

図２－１　入所児童等の被虐待経験の割合

出典：厚生労働省第 14 回新たな社会的養育の在り方に関する検討会「児童養護施設等について参考資料１」2017 年　p.10 を一部改変

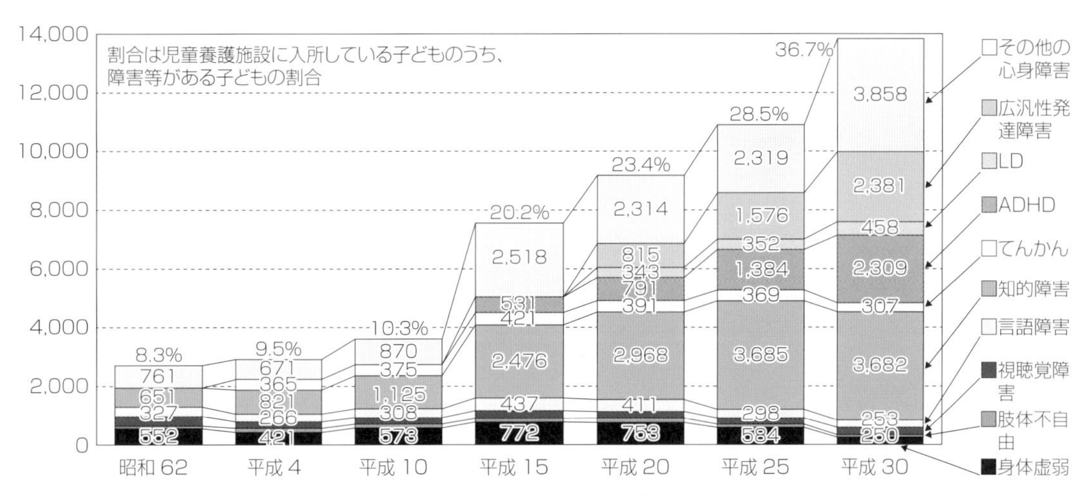

注　：ADHD（注意欠陥多動性障害）については、平成 15 年より、広汎性発達障害および LD（学習障害）については、平成 20 年より調査。それまではその他の心身障害へ含まれていた可能性がある。

図２－２　児童養護施設における障害等のある児童数と種別

出典：図２－１と同じ　p.11

してしまうなど、攻撃的な行動化が目立つ子どもには、日常のなかで行動の振り返りをしたり、心を落ち着けるためのルーティーン（イラっとしたら深呼吸をする、質の良い睡眠を確保するなど）を考え、支援につなげます。なかには、医師の判断で投薬を利用しながら、少しずつ不安定さを落ち着ける方法をとることもあります。また、2016（平成 28）年の児童福祉法改正後から、入所中であっても児童発達支援や保育所等訪問支援といった障害者サービスを「やむを得ない措置」という形で利用できるようになりました。それをきっかけにより、個々の発達に合った支援をすることができるようになりました。

3　施設養護における自立支援

要約　就職や進学の支援だけではなく、自活能力を身に付けること、交友関係や金銭関係、さまざまなトラブルを回避するための学習など、自立支援は多岐にわたります。

2022（令和 4）年に成立した改正児童福祉法ではこれまで 22 歳までとしてきた対象年齢の制限が撤廃されることが決まりました。その背景には、施設を退所したいわゆる「ケアリーバー」が抱えるさまざまな課題に対して、年齢ありきではない、自立支援の機能強化が求められています。

具体的には、中学生の進路選択（中学卒業と同時に就職するか、高校に進学するか、高校卒業後は何をしたいかなど）にはじまります。高校進学後は、アルバイトを通した社会経験や金銭感覚を身に付けること、高校卒業後の進路を見据えて、就職であれば職業体験や職場開拓、進学であれば進学に備えた貯金額の目標設定（例：就職や進学に必要な準備金として100万円前後）、奨学金の情報収集や申請などを支援していきます。そのほかにも、一人暮らしのシミュレーションや公共サービスの利用方法、ネットや金銭トラブルについての学習などがあります。職員が子ども一人ひとりの自立を見据えて支援計画を立て、子どもとともに課題を乗り越えていくことが求められます。

しかし、初めから子ども自身が自立に向けた取り組みを主体的に行うことは難しく、現実を受け止めることができずに悲観的になる子や、自分のやりたいことがわからずに現実から逃げてしまう子、生い立ちを振り返ろうとする子など、漠然とした不安を前に、子どもたち一人ひとりに揺らぎや迷い、葛藤が生まれます。

それに対して、時にはぶつかり、時には寄り添い、子どもたちが主体的に進路を選び、課題を克服する手助けをしていくことが職員には求められます。2020（令和2）年から、全国の施設で自立支援担当職員という専門職の設置が可能となり、インケアにおける自立支援を充実させ、企業や進学先の学校、障害者サービス機関といった外部機関とのつながりを強くすることが期待されています。

Section 3 家族支援

3分 Thinking

- 経済的な理由や疾病、虐待などが原因で分離してしまった家族が、もう一度家族として再出発するために必要なことは何でしょうか。保護者に対する支援、子どもに対する支援の双方から考えてみましょう。

1　社会的養護で求められる家族支援

要約 社会的養護における家族支援は、児童相談所と施設が協働で保護者に対してアプローチをし、子どもと保護者との関係の再構築を通して家族の再統合を目指しています。

わが国では「児童虐待の防止等に関する法律」に基づき、児童相談所（以下「児相」）を中心に学校や児童福祉施設が連携して、子育て家庭における虐待の発生予防、早期発見・早期対応、子どもの保護や支援、保護者への支援を行っています。

児相は子育て家庭に対して相談窓口を設けていますが、児相を補完するものとして、より地域に密着して子育て世帯を支援することを目的とした児童家庭支援センターを乳児院や児童養護施設に併設しているところもあります。児童家庭支援センターは、施設入所までとはいかないものの、要保護性がある子育て家庭や、地域の子どもに関するさまざまな問題について相談に応じる業務、里親やファミリーホームからの相談に応じる業務、児相・児童福祉施設・学校等との連絡調整などの支援を児相から委託される形で行っています。

施設入所以降においては、児相のケースワーカーと施設に配置されているファミリーソーシャルワーカー（家庭支援専門相談員）が中心となって、日常生活支援を行う保育士や児童指導員から子どもの様子や保護者の思いなどを聞き、子どもと保護者の関係の再構築や家庭復帰を目指した支援計画が立てられます。その計画をもとに、児相と施設が連携をしながら虐待の再発防止に向けた支援、保護者に対する生活環境や子どもへの接し方などの改善指導、相談支援を行っています。なお、児相における保護者支援の取り組みについては図２－３を参照してください。

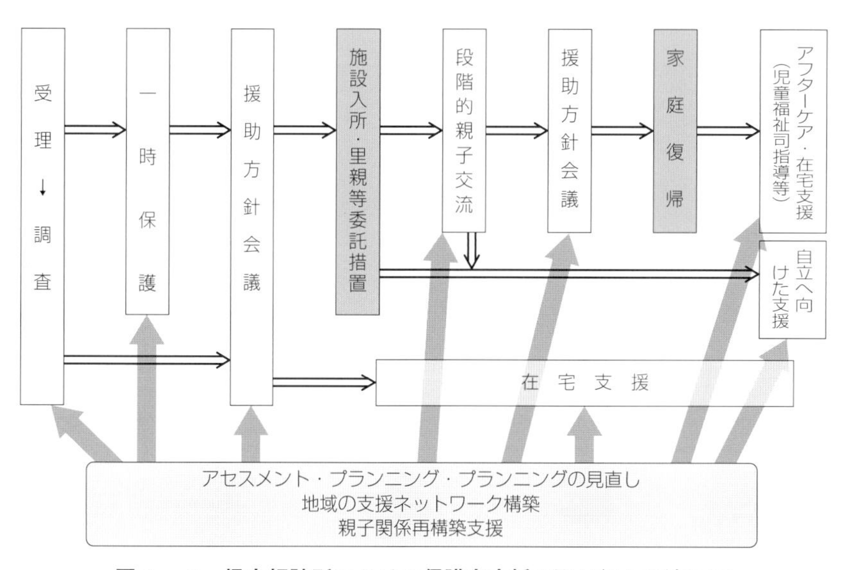

図２－３　児童相談所における保護者支援の取り組みの流れ図

出典：国立保健医療科学院『児童相談所における保護者支援のためのプログラム活用ハンドブック』2014 年　p.9

家庭復帰が難しいと判断される場合にも、家族との関係修復、子どもの自立に向けて生い立ちや家族との関係を整理するという意味での家族の再統合に取り組むこととなります。

2　家族支援で用いられるさまざまなプログラム

要約 家族支援を進めるなかで、日々の子どものケアは施設や里親が担い、保護者に対しては、児相を中心として課題に応じたさまざまなプログラムを面談や家庭訪問のなかで用い、支援にあたります。

家族支援は、児相での相談受理に始まり、児童福祉司による保護者や子どもの成育歴の調査などの段階でアセスメントとプランニングを行い、各機関が連携をするなかで評価と見直しをし、親子関係の再構築と家族の再統合に向けた支援を行います。その際には以下のような保護者支援のプログラムが用いられます（表２－１）。

保護者との面談や家庭訪問をすると同時に、こうしたプログラムを用いて、子育ての課題や葛藤を整理することで、家族支援の方向性と計画が立てられます。また、そこで得られた情報は、子どもに対する心のケアや保護者との関わりの際に生かされます。

表２－１　保護者支援のプログラム

⑴養育について基本的なスキルを教えるプログラム
①ボーイズタウン・コモンセンスペアレンティング：暴力を使わず子どもを育てる技を親に伝えることで、虐待の予防や関係性の回復を目指す。 ② CARE：子どもとの関係をより良くするために大切なことを体験的に学ぶ。 ③ PPP：地域の保護者を対象とするもので、子育て支援と虐待防止を目的とする。 ⑤ COS-P：愛着の視点から、保護者としての子どもとの関わり方をビデオなどを用いて考えさせる。
⑵保護者の葛藤などを取り上げ、安心感を支援するプログラム
① MY TREE：セルフケア力と問題解決力の回復を促し、親子関係の修復を目指す。 ② PCG：自助グループ方式を用いて、親同士のグループワークを行う。
⑶親子が同時にいる場で交流を扱うプログラム
① PCIT：親子の相互交流を深めることで親子関係が回復に向かうように働きかける心理療法。 ② AF-CBT：保護者と子どもの感情調整から家庭内の困難を減らすことに焦点をあてる。 ③ CRC：親子の面会をじっくりと時間をかけて行い、交流を助ける。
⑷援助が難しい保護者に対する、モチベーションに焦点をあてたプログラム
①サインズオブセーフティ：親と子どもが主体的に安全な生活を築くためのアプローチ法。施設などの養育現場の良い実践の積み重ねを 12 の原理と６の技法にまとめている。 ②動機付け面接：本人が変わりたいと思う方向を見出し、具体的な目標を決め、それを引き出して力を添えていく手法。
⑸特別な対象を意識したもの
①精研式ペアレントトレーニング：養育スキルの向上を通して、子どもの適応行動を増やし、親子関係の悪循環を断つことで安定した関係を育む。 ② DV 被害母子支援プログラム：DV 被害母子へのグループ療法。 ③ TF-CBT：子どもの性被害等によるトラウマに焦点化したもの。 ④ケアリングダッド：DV 加害をした父親向けのもの。

出典：政策基礎研究所「保護者支援プログラムの効果的な実施に向けたマニュアル」2018 年 p.17 をもとに筆者作成

3　家族支援の主な過程

要約 ▶ 措置された子どもとその家族に対して、児相や施設、地域のさまざまな職種が協働して支援にあたります。家族再統合は、保護者と子どもの関係性を考慮・調整し、子どもとその家族が安心・安全に生活することを第一に考え計画が立てられます。

児相の保護を経て施設に措置された子どもの家族支援における一般的な流れは、まず保護者と子どもを分けて、双方の気持ちを整理するところから始まります。保護者には児相のケースワーカーの定期的な面談や、前述のプログラムを用いた課題の整理が行われ、子どもに対しては面談や施設での日々の関わり、心理支援等を通して、親への気持ちや不安感のケアをします。

それらの情報をもとに、児相の職員と施設のファミリーソーシャルワーカー、子どもの担当職員を中心に家族支援の方向性（施設・里親から自立するのか、家庭復帰が見込めるのか）を検討します。そして、家庭復帰が見込める場合には、引き取りの目処をいつにするのかを考え、それに向けた具体的な計画作成に移ります。

段階的な交流として一般的なのは、児相や施設での定期的な面会、外出、施設の家庭訓練室を使った宿泊体験、自宅での短期外泊・長期外泊といった流れになります。そのなかで、定期的な振り返りを行い、家庭復帰後に相談できるつながりをつくるために、保護者と児相や施設、保健師などの地域の機関が一緒に話し合いを行う家族応援会議を重ね、家庭復帰以降のシミュレーションや保護者の不安に対して支援をしていきます。

【引用文献】

Section 1

1）こども家庭庁支援局家庭福祉課「社会的養育の推進に向けて」2023年　p.8
2）伊部恭子「施設退所後に家庭復帰をした当事者の生活と支援―社会的養護を受けた人々への生活史聞き取りを通して―」『佛教大学社会福祉学部論集』第9号　2013年　p.18
3）厚生労働省雇用均等・児童家庭局総務課長通知「子ども虐待対応の手引き」https://www.mhlw.go.jp/bunya/kodomo/dv12/01.html（2019年7月10日閲覧）
4）全国児童養護施設協議会「児童養護における養育のあり方に関する特別委員会報告書」2008年　p.35

【参考文献】

Section 1

● 厚生労働省「児童養護施設入所児童等調査の結果（平成30年2月1日現在）」2020年

●厚生労働省雇用均等・児童家庭局家庭福祉課「児童養護施設運営ハンドブック」2014 年
●藤田哲也「児童養護施設での生活経験のある者からみた『よい職員』とは―入所児童と退所児童へのアンケート調査の結果から―」『金城学院大学論集（人文科学編）』第 8 巻第 2 号　2013 年
●三菱 UFJ リサーチ & コンサルティング「令和 2 年度子ども・子育て支援推進調査研究事業児童養護施設等への入所措置や里親委託等が解除された者の実態把握に関する全国調査【報告書】令和 3 年 3 月」2021 年

Section 2

●望月彰『自立支援の児童養護論―施設でくらす子どもの生活と権利―』ミネルヴァ書房　2004 年
●土井高徳『青少年の治療・教育的援助と自立支援―虐待・発達障害・非行など深刻な問題を抱える青少年の治療・教育モデルと実践構造―』福村出版　2009 年
●喜多一憲監修、堀場純矢編『みらい×子どもの福祉ブックス　社会的養護』みらい　2017 年
●厚生労働省「新しい社会的養育ビジョンについて（概要）」
https://www.mhlw.go.jp/content/12601000/000345479.pdf（2023 年 7 月 20 日閲覧）
●厚生労働省「児童福祉法等の一部を改正する法律（令和 4 年法律第 66 号）の概要」
https://www.mhlw.go.jp/content/11920000/000957236.pdf（2023 年 7 月 20 日閲覧）

Section 3

●相澤仁編集代表『家族支援と子育て支援―ファミリーソーシャルワークの方法と実践―』明石書店　2013 年

●学びを振り返るアウトプットノート

年　月　日(　)　第(　)限　学籍番号　　　　　　氏名

✣ このChapterで学んだこと、そのなかで感じたこと（テーマを変更してもOK）

✣ 理解できなかったこと、疑問点（テーマを変更してもOK）

✣演 習 課 題✣

1. 子どもが施設に入所してくる際、職員はどのようなことに配慮する必要があるでしょうか。具体的な関わりを考えてみましょう。
2. 施設退所後の支援に、就職や進学による自立への支援と家庭復帰後の支援がありますが、それぞれどのような社会資源とつながっていく必要があるでしょうか。
3. あなたが施設職員として余暇活動をするとしたら、どうやって子どもたちと関わるか考えてみましょう。
4. あなたが高校を卒業後、親に頼らず自立しなければいけないと仮定したとき、どういった進路をとりますか。また、それに必要な準備としてどのようなことが想定できるか具体的に考えてみましょう。
5. 虐待が理由で保護された子どもの保護者を支援する際に大切なことは何か考えてみましょう。
6. 家庭復帰に向けた計画を立てる際に大切なことは何か考えてみましょう。

49

コラム② 民間財団の奨学金支援

日本財団は2016（平成28）年4月、奨学金制度をスタートさせました。その名も「日本財団 夢の奨学金」。対象は事情があって家族と暮らせなかった、いわゆる社会的養護出身の若者です。これから進学を考えている高校3年生のみならず、すでに大学や専門学校等に進学している人、または就職し、学び直しや専門技術の習得を通じたキャリアアップ・ステップアップを目指す社会人も対象です。さらに、例えば手工芸品、伝統工芸品をつくるプロフェッショナル、大工・左官・紙すき・たんすといった手工業のプロフェッショナル、板前・パティシエといった食品を扱うプロフェッショナルなどを目指す人も対象です。年齢の上限、また進学先の学部・学科の制限も設けていません。未来をあきらめない、チャンスをつかみたいという強い意思のある人が対象の奨学金制度です。

筆者が所属する日本財団は、子ども、障害者、高齢者、災害復興などを支援する日本最大の財団です。日本財団では、子どもの貧困対策支援や特別養子縁組支援、難病児支援、不登校児への教育支援など「生きづらさ」を抱える子どもたちに多くの支援を行っています。これらの支援をより体系的に進め、拡大していくため、現在「日本財団子どもサポートプロジェクト」として一元的に取り組んでおり、「夢の奨学金」も「子どもサポートプロジェクト」の一つに含まれています。

日本財団には、会長に直接事業提案できる「語り場」という制度があり、「夢の奨学金」はその制度を活用して立ち上がりました。なぜこの奨学金制度を立ち上げようと考えたのか、その原点は私の個人的な経験がもとになっています。私は大学・大学院とアメリカの大学でソーシャルワークを学び、実習は郡のソーシャルサービスにおいて、チャイルドプロテクションソーシャルワーカー（子どもに対する虐待や育児放棄などに関係する通報の受領、調査、援助などを行う児童保護専門のソーシャルワーカー）のインターンとして経験を積みました。私のインターン先は、通報を受けて現場に行きアセスメントを行う、イニシャルインタベンションユニットという部署で、インターン中は通報のあった虐待等の事実や疑いのある数多くの家庭を訪問しました。時には警察と連携し、また裁判所が絡む案件もあり、性虐待、薬物の問題など、これまで見たことのない現場も経験しました。それらの経験から子ども虐待の問題に問題意識を持つようになりました。

それに加えて、私は高校卒業後すぐにアメリカの大学に留学したわけではなく、周り道をした末に22歳でアメリカに行きセカンドチャンスをつかむことができました。こうした経験のなかで今の自分があると思っており、このような個人的な経験をベースに、この奨学金制度立ち上げに思いを込めて取り組みました。ただ、事業決定までの道のりは長く、1年以上会長に何度もプレゼンテーションを行い、やっとの思いで立ち上がった事業です。

企画当初は奨学金制度の立ち上げを考えていたわけではなく、まず子ども虐待の課題を解決したいという思いから始まりました。虐待に関しては現場の専門家などからのヒアリングを通して、親の状態に問題があり、その親も自身の親世代から引き継ぐ貧困問題が背景にあることがわかりました。また、低学歴が不安定就労につながり、そして失業・借金を抱え、心身の健康状態が悪化し、子どもへの虐待・離婚、家庭崩壊、最終的に施設入所に至るという、貧困と虐待の再生産の構造が問題の一因であることがわかりました。このことから虐待の問題を解決するためには、原因となっている親の状況を変えることと同時に、親から続く貧困の連鎖を断つことの重要性に気付き、子どものマイナススタートを断ち切るための、貧困につながらない就職に向けた大学や専門学校への進学支援となる奨学金制度構築へアイディアがまとまっていきました。

さらに調べていくにつれて、社会的養護の子どもは18歳を迎えると、児童養護施設や里親家庭など、それまで暮らしていた場所から出て行くことが求められ、こうした若者の多くが住居費や生活費を捻出するための就労を余儀なくされ、経済的な理由に加え体力的・精神的な疲労から、進学をあきらめたり、進学しても長く続かなくなったりするケースが圧倒的に多いことを知り、この厳しい現実について問題意識を持ちました。一般の大学・専門学校への進学率に比べ、社会的養護のもとで育った子どもの進学率は低く、かつ進学のイメージを持ちにくい状況も見えてきたため、まずはロールモデルをつくる必要があるという事業内容もまとまっていきました。

奨学金制度構築の際に大切にしたのは、ハンデを克服するために真に必要なことは何か、ということです。「こんな奨学金があったらいいな」という要素を現場の専門家から聞き取り、それを一つひとつ加えていきました。「夢の奨学金」というやや月並みな名前も、そうした背景から実を伴うものとして付けました。

特徴は、返済不要の給付型奨学金であること、さらに入学金・授業料の全額に加えて生活費や住居費もカバーすることです。勉学やサークル活動といった学生としての経験をバイトのためにあきらめず、できるだけ多く積んでもらうようにするためです。また、すべての奨学生にソーシャルワーカーが寄り添い、精神的ケアも含めて就職までサポートする体制も組み入れました。これも、社会的養護出身の若者は精神的に追い詰められる傾向にある、という現場の声から盛り込みました。

2023（令和5）年4月には新たに8期生6名が決定し、これまでに合計96名（1期生～7期生90名、8期生6名）の奨学生が誕生しています。未来をあきらめないその強い意思に応えるために、社会的養護のもとで暮らした子どもの夢の実現をこれからも応援していきます。採択奨学生のインタビューや活動報告を夢の奨学金ホームページに掲載していますので、ぜひご覧ください。

■夢の奨学金ホームページ：https://dreamscholarship.jp/

Chapter 3 支援計画と記録・評価

●イメージをつかむインプットノート

Section 1 「自立支援計画」のアウトライン

自立支援計画はケースを理解するためにはなくてはならないものです。ここでは、事例をもとに、子どもと保護者への自立支援計画づくりについて解説します（p.53）。

Keyword

- ☑ 自立支援計画
- ☑ 支援上の課題
- ☑ 支援目標
- ☑ 支援内容・方法
- ☑ 子どもと保護者の参加

子どもやその保護者を支援するために自立支援計画を作成します。

Section 2 「記録」のアウトライン

社会的養護の現場での記録は大きく３種類に分類することができます。ここでは、記録の種類や活用方法などについて解説します（p.60）。

Keyword

- ☑ 児童記録票
- ☑ ケース記録
- ☑ 写真や映像
- ☑ 子どもの作品

記録は情報を共有する際や支援の振り返りに有効な資料となります。

Section 3 「評価」のアウトライン

評価は、評価する側と評価を受ける側が同じ場合は「自己評価」といい、異なる場合は第三者評価といいます。またここでは、社会的養護におけるアセスメント（事前評価）とエバリュエーション（事後評価）等についても解説します（p.64）。

Keyword

- ☑ アセスメント（事前評価）
- ☑ モニタリング（経過観察）
- ☑ エバリュエーション（事後評価）

適切な支援を行うために「評価」を行うことが欠かせません。

Section 1 自立支援計画

3分 Thinking

・子どもと保護者に対する支援に取り組むにあたって、個別の計画を立てるということにどんな意味があるのか考えてみましょう（意味がないという意見もＯＫ）。

1　自立支援計画とは

要約 自立支援計画は、計画的に自立支援を行うための個別の支援計画票です。計画づくりは、支援者（直接ケアワークに携わる保育士だけでなく、さまざまな関係諸機関）と社会的養護のもとで暮らす子どもや保護者とともに策定します。

①自立支援計画の導入

1997（平成9）年に児童福祉法が改正（1998［同10］年4月施行）され、児童養護施設、児童自立支援施設、母子生活支援施設の目的に「自立」が付け加えられました。そして、この改正の具体的施策として、厚生省児童家庭局家庭福祉課長通知「児童養護施設等における入所者の自立支援計画について」（以下「通知」）により、「自立支援計画」の策定が求められるようになりました。さらに、2005（同17）年4月からは「児童福祉施設最低基準（現・児童福祉施設の設備及び運営に関する基準）」において「自立支援計画」*1の作成が義務付けられました。

自立支援計画の作成にあたっては、子どもや保護者の意向が尊重されることが大切です。子どもや保護者は施設からどのように理解（評価）されているのか、どのような支援を受けることができるのか説明を受け、それらについて意見を述べ、必要があれば支援計画の変更を求める権利を有しています。

＊1
障害児支援の領域では「個別支援計画」が作成されます。

②自立支援計画と相談援助（ソーシャルワーク）の実践方法

相談援助（ソーシャルワーク）の実践方法は、①直接援助技術、②間接援助技術、③関連援助技術に分けられます*2。直接援助技術には、個人を対象とする「ケースワーク（個別援助技術）」と集団を対象とする「グループワーク（集団援助技術）」があります。間接援助技術にはコミュニティワーク（地域援助技術）、ソーシャルワーク・リサーチ（社会福祉調査法）、ソーシャル・アドミニストレーション（社会福祉運営管理）、ソーシャルアクション（社会活動法）、

＊2
相談援助（ソーシャルワーク）については、p.76を参照のこと。

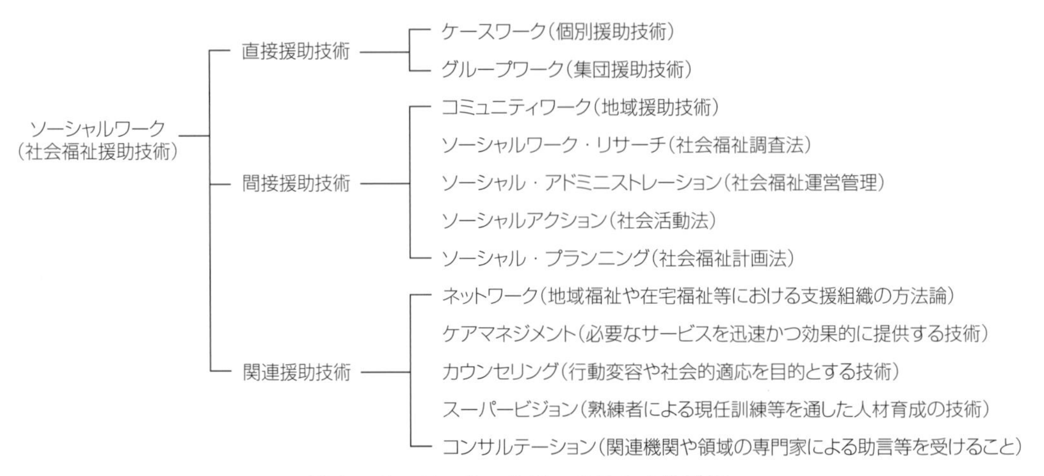

図３－１　ソーシャルワークの主な体系図

出典：喜多一憲監修、堀場純矢編『みらい×子どもの福祉ブックス　社会的養護』みらい　2017年　p.170

ソーシャル・プランニング（社会福祉計画法）があります。関連援助技術には、ネットワーク、ケアマネジメント、カウンセリング、スーパービジョン、コンサルテーションがあります。直接援助技術・間接援助技術および関連援助技術は相互に作用し合い、補完し合っています（図３－１）。

子どもへの支援は、自立支援計画にしたがって、ケースワークの技法を中心に、ケアワーク、グループワーク、家族援助、心理的援助、人権擁護、コミュニティワークなど種々の援助技術が駆使される形で展開されていきます。自立支援計画は子どもと保護者への支援の設計図のようなものということができます。

③ケースワークのプロセスと自立支援計画

子どもの自立支援は、ケースワークの技法を中心に展開されることから、支援者はケースワークの展開過程を意識しながら自立支援計画の作成に取り組む必要があります。

ケースワークは、①問題への気付き→②インテーク→③アセスメント（事前評価）→④プランニング（支援計画の作成）→⑤インターベンション（支援の実施）→⑥モニタリング（経過観察）→⑦エバリュエーション（事後評価）→⑧終結という過程を通して展開していきます。

自立支援計画は、アセスメントとプランニングの段階で策定し、モニタリングで再評価・検討され、必要に応じて支援計画等が修正されます。

2　自立支援計画づくり（家庭への支援計画）

要約 本項では児童養護施設の事例をもとに、自立支援計画票内の「支援計画の策定及び評価」にある、「家庭（養育者・家族）」への長期および短期の支援計画づくりについて、支援上の課題、支援目標、支援内容・方法を具体的に策定することを通して学んでいきます。

①児童養護施設の事例

A児（男児）は父親と母親と３人で暮らしていました。しかし、A児が２歳のときに父親がリストラにあい仕事を失ってしまったため、専業主婦であった母親が働きに出ることになりました。父親は家にいるにも関わらず家事や子育てを手伝おうとはせず、それが原因で夫婦間の喧嘩が多くなっていきました。また、A児の育てにくさもあって子育てをめぐって父親と母親との対立が絶えなくなり、A児が３歳のときに両親が離婚し、A児は母親と暮らすことになりました。

その後、母親はA児を保育所に預けてパートの仕事に出るようになりました。１年後、保育所はA児の乱暴さと落ち着きのなさを心配して、母親に地域の児童発達支援センターへの受診を勧めました。受診の結果、A児は自閉スペクトラム症／自閉症スペクトラム障害*3と診断されました。診断後の母親は元気がなく、ふさぎがちな様子でした。その後、保育所で何度かA児の体にあざがあることが発見され、母親による身体的虐待の疑いもあったため、A児は５歳のときに児童養護施設（以下「施設」）に入所することになりました。

②母親への支援についての情報収集・アセスメント（事前評価）

保育所の記録によると、母親の仕事が忙しいことからA児の生活時間は不規則で、夜更かしをして朝寝坊したうえで保育所に連れてこられたり、休んでしまうこと、コンビニエンスストアで買ってきたお弁当や菓子パン、お菓子を食事代わりにしていること、服装に関しても何日も同じものを着ていたり、きちんと洗濯がされていないことなどが記録されていました。また、送迎時の母親は元気がなく、いつも何か悩みを抱えているように見えたという記録もありました。

施設ではケース会議を開き、母親と積極的にコミュニケーションを取ることで信頼関係を築いていくことになりました。その結果、会社の業績が悪化し、母親自身はリストラにあうことはなかったが、社員が減り仕事の負担が重くなったこと、正社員になれず経済的に困窮していること、それが原因で将来への不安が大きいことなどを話してくれました。

＊3　**自閉スペクトラム症／自閉症スペクトラム障害**
アメリカ精神医学会による診断基準「DSM－5」では、自閉スペクトラム症／自閉症スペクトラム障害の特徴を、①社会的コミュニケーションおよび相互的関係性における接続的障害、②興味関心の限定および反復的なこだわり行動・常同行動の２点から捉え、このような症状が発達の早期（３歳以前）から現れるとしています。「スペクトラム」という考え方は、「自閉症」の特徴が強く現れる状態と、その特徴があるが社会生活に適応している状態とを連続して捉える概念です。

また、保育所への送り迎え、食事や服装についても母親らしくやりたいが手が回らなかったこと、A児の育てにくさもあってついカッとなって手が出てしまっていたこと、近くに親戚や友人がおらず相談相手がいないことなどを話してくれました。

③母親への支援のプランニング

ケース会議では、A児が施設に入所することに伴い母親の負担を軽減させること、うつ状態の回復に向けての働きかけを行っていくことなどがあげられました。自立支援計画の策定については、p.58にある表3－1[*4]の「家庭（養育者・家族）」の欄の「長期目標」と「短期目標（優先的重点的課題）」の記入を通じて母親への支援計画を立てることになります。

母親への「支援上の課題」は、ここでは、1つ目は「母親は元気がなく、いつも何か悩みを抱えており、精神的な問題で困っている」、2つ目は「非正規雇用により不安定な就労状況が続いており、経済的にも困窮している。また、将来にも不安感を抱いている」、3つ目は「A児に対して子育てが十分できない状況にある」、4つ目は「A児の育てにくさもあってついカッとなって手が出てしまう」と記入してみます。

1つ目の課題に対しての「支援目標」は、「精神上の健康を回復する」、「支援内容・方法」は、例えば「保健所[*5]の保健師から母親に精神科の受診を勧める」などがあげられます。このケースでは保健師との関わりと見守りによって、母親は精神的に回復していきました。3つ目の課題に対しての「支援目標」は、「母親が子育てに関するサポートを得ながら子どもへの思いを実現する」、「支援内容・方法」は、「A児の週末帰省時には、必要に応じてファミリーサポートセンターなどのホームヘルプサービスを受けながら、母親の子育てへの思いをサポートする」と記入することができます。そのほかの「支援目標」「支援内容・方法」は表3－1を参考にしてください。

いずれにしても、「支援内容・方法」を策定する場合、当事者の「強み（ストレングス）」を見出し、その背景にある真のニーズをつかみ、当事者とともに支援計画を立てることが重要です。

母親の主訴は、「保育所への送り迎えや、食事や服装についても母親らしく行いたいが手が回らない」ということです。これを本人（母親）の立場に立って考えてみると、「時間通りに送り迎えをし、子どもと過ごす時間を増やしたり、清潔な服を着させたり、一緒に家庭料理を食べたい」と解釈することができます。母親の「強み」は、「生活が苦しくつらい状況であるにも関わらず、子育てを行いたいと思っている」点にあります。したがって、母親には、「さまざまな社会資源によるホームヘルプサービスを受けながら、

＊4
表3－1の自立支援計画票は様式も含めてあくまでも一例としてあげた内容になります。実際には現場に即したさまざまな様式で計画が立てられ、本事例においても表3－1以外の視点から計画を立てることもできます。その点について十分留意したうえで、ここでは支援計画策定の際の視点について学んでいきましょう。

＊5　**保健所**
地域住民の健康や衛生を支える公的機関の一つであり、地域保健法に基づき、都道府県、政令指定都市、中核市などに設置され、地域保健における広域的・専門的なサービスを実施しています。なお、市町村の「保健センター」は、住民に身近な保健サービスを行っています（p.87も参照のこと）。

Ａ児の子育てを行うことで母親としての責任を果たしたい」と願っているという、「真のニーズ」があることがわかってくるため、それを計画に反映させます。

なお、母親が地域社会で孤立していることに関しては、地域の社会資源によるアプローチを考えてみます。そこで、この課題については「地域（保育所・学校等）」の欄の「支援上の課題」に、「母親が地域社会で孤立しており、相談相手がいない」と記入し、その課題に対応する「支援目標」「支援内容・方法」を表３－１のように考えていきます。

3　自立支援計画づくり（子ども本人への支援計画）

要約 本項では児童養護施設の事例をもとに、自立支援計画票内の「支援計画の策定及び評価」にある「子ども本人」への長期および短期の支援計画づくりについて、支援上の課題、支援目標、支援内容・方法を具体的に策定することを通して学んでいきます。

①Ａ児についての情報収集・アセスメント（事前評価）―保育所の保育士から見たＡ児―

Ａ児は保育所へ入所した当初、職員が話しかけてもほとんど反応しませんでした。その一方で、日課とは無関係に動き回り、高い所によじ登ったり、走り回ったり、突然ほかの子がつくったものを壊すなどといった行動が続きました。また、保育士が抱っこしても気持ちが伝わらないという様子でした。

しかし半年ほど経つと、名前を呼ぶと「はい」と顔を向けるようになり、「散歩に行こうか」と言うと靴を取りに行くなど反応が返ってくるようになり、子どもらしさが出はじめました。しかし、入所当初に見られたＡ児の特徴はずっと続いたままでした。

②Ａ児についての情報収集・アセスメント（事前評価）―母親の苦しさ―

Ａ児の子育てについて、母親が特に困難を感じていたのはコミュニケーションが取れないということでした。また、テレビを見ていて着替えがなかなかできず、母親が怒ると慌てて着替えはじめるといったことが毎日続いていました。

③Ａ児についての情報収集・アセスメント（事前評価）―児童相談所・一時保護所での様子―

知的レベルが高い反面、情緒面での成長発達はかなり低く、特に年少児への優しさや思いやりに欠け、思い通りにいかないと暴力を振るい泣かせる、たたく、髪の毛を引っ張る、三輪車をぶつけるなどの行動がみられました。

④Ａ児への支援のプランニング

自立支援計画票の「子ども本人」の欄に記入します。「支援上の課題」について、ここではＡ児の「対人関係」を例にとって作成してみます。１つ目の「支援上の課題」は、「大人に対する対人関係の基本として、保育所で職員が話しかけてもほとんど反応がなかったように、関係が希薄である」こと、２つ目は「他児に対して、思い通りにならないと暴力や暴言を発するという対人関係が基本になっている」とします。そのうえで「支援内容・方法」を策定していきます。

１つ目の課題については、①基本的信頼感の獲得、②愛着形成、③自律性の獲得という観点から計画を立てていきます。例えば①についての「支援目標」は、「基本的信頼感を獲得する」とすることができます。「支援内容・方法」については、母親へのプランニングでもあったようにＡ児の「強み」をもとに考えてみます。Ａ児の「強み」は、職員が話しかけてもほとんど反応がなかった、抱っこしても気持ちが伝わらない様子だったにも関わらず、次第に名前を呼ばれて返事ができるようになったように、「大人との関係性を深めたいという欲求が十分にある」ことです。そのため、「支援内容・方法」としては、Ａ児のこの「強み」に基づいて「Ａ児が大人との関係を求めていることを本人の「強み」とし、Ａ児の年齢（発達段階）にふさわしい支援を通じて、大人に対しての信頼感が獲得できるよう寄り添っていく」とすることができます。

また、２つ目の課題に対する「支援目標」は、「３つの心の発達課題の獲得を目指しながら、他児との対人関係の基本を習得していく」とすることができ、「支援内容・方法」は、「他児と遊べる場をつくり、そこに保育士が入ることによって遊びの楽しさを感じられるようにしていく」とすることができます。Ａ児の「強み」は、「お友だちと遊びたいという欲求を持っている」ことです。Ａ児はお友だちとの遊び方がわからず、その結果、思い通りにいかないと暴力を振るい泣かせるという対人関係を取ってしまうのです。実際にはその後Ａ児は、保育士の支援に支えられて対人関係の基本を習得していきました。

表３－１　自立支援計画票の一例

自立支援計画票

施設名　　　　　　　　　　　　　　　　　　　　　　　　　作成者名

<table>
<tr><td>フリガナ
子ども氏名</td><td colspan="2">A児</td><td>性別</td><td>（男）　女</td><td>生年月日</td><td>年　月　日
（　5歳）</td></tr>
<tr><td>保護者氏名</td><td colspan="2"></td><td>続柄</td><td>実母</td><td>作成年月日</td><td>年　月　日</td></tr>
<tr><td>主たる問題</td><td colspan="6">母親の就労が不安定な状況のなかで、地域に身近な相談相手がいないことやA児の子育てが母に集中していること、さらにはA児の育てにくさも加わり虐待関係に陥っている。</td></tr>
<tr><td colspan="2">本人の意向</td><td colspan="5">母親とまた暮らしたい。</td></tr>
<tr><td colspan="2">保護者の意向</td><td colspan="5">A児と暮らせるようさまざまな支援を受けたり、自身も正規雇用で職に就き、A児との生活を立て直し、母親としての責任を果たしていきたい。</td></tr>
<tr><td colspan="7">【支援方針】
社会資源を活用しながら母親が虐待的な関係を乗り越え、A児も心の発達課題を獲得し、再び母子がともに生活できるよう家族の再統合を目指す。</td></tr>
<tr><td colspan="7">第○回　支援計画の策定及び評価　　次期検討時期：　　年　　月</td></tr>
<tr><td colspan="7">子ども本人</td></tr>
<tr><td colspan="7">【長期目標】
A児が保護者や保育士等との関わりに支えられながら、心の発達課題である①基本的信頼感を獲得し、②愛着を形成し、③自律性を獲得することを通じて対人関係の基本を習得していくことを目指す。</td></tr>
<tr><td></td><td>支援上の課題</td><td colspan="2">支援目標</td><td colspan="2">支援内容・方法</td><td>評価（内容・期日）</td></tr>
<tr><td rowspan="4">【短期目標（優先的重点的課題）】</td><td>大人に対する対人関係の基本として、保育所で職員が話しかけてもほとんど反応がなかったように、関係が希薄である。</td><td colspan="2">１つ目の心の発達課題である基本的信頼感を獲得する。</td><td colspan="2">A児が大人との関係を求めていることを本人の「強み」とし、A児の年齢（発達段階）にふさわしい支援を通じて、大人に対しての信頼感が獲得できるよう寄り添っていく。</td><td>年　月　日</td></tr>
<tr><td>大人に対する対人関係の基本として、保育所で職員が話しかけてもほとんど反応がなかったように、関係が希薄である。</td><td colspan="2">２つ目の心の発達課題である愛着の対象を持ち、愛着の形成を通じて愛着行動がとれるようになる。</td><td colspan="2">上記のA児の「強み」に信頼を置き、特にA児の心のあり方がネガティブになったときに、「ほっと」できるような保護者や保育士の関わり（年齢にふさわしい形での関わり）を通じて愛着を形成する。</td><td>年　月　日</td></tr>
<tr><td>大人に対する対人関係の基本として、保育所で職員が話しかけてもほとんど反応がなかったように、関係が希薄である。</td><td colspan="2">３つ目の心の発達課題である自律性を獲得する。</td><td colspan="2">前２項の心の発達課題の獲得と同時並行で支援していく。保育所で散歩をするときに靴を取りに行くなどは自律性の獲得の結果ともいえることから、そのような支援を継続していく。</td><td>年　月　日</td></tr>
<tr><td>他児に対して、思い通りにならないと暴力や暴言を発するという対人関係が基本になっている。</td><td colspan="2">３つの心の発達課題の獲得を目指しながら、他児との対人関係の基本を習得していく。</td><td colspan="2">他児と遊べる場をつくり、そこに保育士が入ることによって遊びの楽しさを感じられるよう支援していく。</td><td>年　月　日</td></tr>
<tr><td colspan="7">家庭（養育者・家族）</td></tr>
<tr><td colspan="7">【長期目標】
母親が虐待的な関係を乗り越え、施設やさまざまな社会資源による支援を受けながら、A児の子育てを行うなかで、「子どもと過ごす時間を増やしたい。一緒に家庭料理を食べたい」などといった母親の願いを実現させていく。</td></tr>
<tr><td></td><td>支援上の課題</td><td colspan="2">支援目標</td><td colspan="2">支援内容・方法</td><td>評価（内容・期日）</td></tr>
<tr><td rowspan="3">【短期目標（優先的重点的課題）】</td><td>母親は元気がなく、いつも何か悩みを抱えており、精神的な問題で困っている。</td><td colspan="2">精神上の健康を回復する。</td><td colspan="2">保健所の保健師から母親に精神科の受診を勧める。</td><td>年　月　日</td></tr>
<tr><td>非正規雇用により不安定な就労状況が続いており、経済的にも困窮している。また、将来にも不安感を抱いている。</td><td colspan="2">より安定した職業に就き、経済的な面で現状を改善していく。</td><td colspan="2">ハローワークなどと連携し、より安定した正規雇用での就労につなげていく。</td><td>年　月　日</td></tr>
<tr><td>A児に対して子育てが十分にできない状況にある。</td><td colspan="2">母親が子育てに関するサポートを得ながら子どもへの思いを実現する。</td><td colspan="2">A児の週末帰省時には、必要に応じてファミリーサポートなどのホームヘルプサービスを受けながら、母親の子育てへの思いをサポートする。</td><td>年　月　日</td></tr>
</table>

	A児の育てにくさもあり、ついカッとなって手が出てしまう。	母親がA児の特徴を理解し、適切な親子関係を取り結ぶことができるようになる。	A児の特徴や適切な関わり方について、保育士から助言していく。	年　月　日
地域（保育所・学校等）				
【長期目標】 地域社会で身近な相談相手をつくり、子育てのサポートを得ながら母親の子どもへの思いを実現し、地域社会の一員になることを目指す。				
	支援上の課題	支援目標	支援内容・方法	評価（内容・期日）
【短期目標】	母親が地域社会で孤立しており、相談相手がいない。	民生委員・児童委員からの働きかけを通じて、母親が気楽に相談できる相談相手を得ていく。	民生委員・児童委員が定期的に家庭訪問し、母親との信頼関係を築いていくことから支援を始めていく。	年　月　日
総　合				
【長期目標】 母親が虐待的な関係を乗り越え、施設やさまざまな社会資源による支援を受けながら、週末帰省等でA児の子育てを行うなかで、子育てへの自信を得て、再び母子がともに生活できるよう家族の再統合を目指していく。				
	支援上の課題	支援目標	支援内容・方法	評価（内容・期日）
【短期目標】	子育てが母親一人に集中していること、不安定な就労状況などからくる母親の将来への不安感、地域社会での孤立、A児の育てにくさなどが複合したことによって、虐待的な関係に陥っている。	再び母子がともに生活できるよう家族の再統合を目指す。	児童相談所、保健福祉センター、福祉事務所、家庭児童相談室、母子・父子自立支援員、民生委員・児童委員等関係諸機関が定期的に協議し、互いに調整・連携しながら支援していく。	年　月　日
【特記事項】				

Section 2 記録

3分 Thinking

- 社会的養護の現場では、どのような種類の記録があるのでしょうか。また、記録を残すことにどんな意味があるか考えてみましょう（意味がないという意見もOK）。

1　記録—実践記録と子どもの理解—

要約　社会的養護の現場での記録は大きく、①一人ひとりの子どもの支援に関する記録、②業務や施設の運営・管理に関する記録、③子どもの育ちに関する記録の３種類に分類することができます。

①記録の種類と一人ひとりの子どもの支援に関する記録

社会的養護の現場での記録は大きく分けて、①一人ひとりの子どもの支援に関する記録、②業務や施設の運営・管理に関する記録、③子どもの育ちに関する記録（子どもの写真やビデオ映像、子どもが描いた作品などの子どもの生活と育ちに関するもの）の３種類に分類することができます。

①の一人ひとりの子どもの支援に関する記録は、(1)児童記録票、(2)ケース記録（個別の児童記録、家族に関する情報など）、(3)自立支援計画票（Section １参照）などがあります。以下では、(1)の児童記録票と(2)のケース記録について解説します。

②児童記録票

児童記録票は、子どもが施設に入所するときに児童相談所が作成する記録です。そこには面接や一時保護所での観察、心理検査等を通じた、社会学的・心理学的・医学的・教育学的見地からの支援方針や内容が記されています。

児童記録票は、施設で上記(3)の自立支援計画票を作成する際のアセスメントや支援計画づくりに活用されます。また、施設が学校など、関連諸機関と連携して子どもや保護者を支援する際に情報を共有するための資料にもなります。

③ケース記録の種類と保管方法

ケース記録は、「日常生活に関すること」「幼稚園･学校等に関すること」「家族に関すること」「子どもの集団に関すること」「学習支援に関すること」「進路選択に関すること」「児童相談所等関係諸機関に関すること」のように支援課題に分け、記述するのも一つの方法です（図３－２）。

活用方法は、例えば「日常生活に関すること」の記録用紙に、子どもの基本的生活習慣に関する課題や達成の様子を記入します。それを２枚コピーし、原本は保育日誌（業務日誌）に綴じ、コピーしたうちの１枚はその子どものケース記録に綴じ込みます。そしてもう１枚は支援者個人の記録ファイルに綴じていきます。このようにすれば、業務日誌をもとに日常の引き継ぎでケースに関する情報の共有ができます。同時に個別のケース記録には時間軸に沿って日々の記録が残ります。また支援者個人の記録ファイルは、支援の振り返りにとって有効な資料にもなります。

④記録の図式化

社会的養護のもとに暮らす子どもや保護者を支援していくなかで、当事者と当事者を取り巻く環境や人々との相互関係を理解したり、ケースの全体像を把握したり、文章だけでは表現しづらい側面を視覚化し補完するために、記号や線を使い図式化するマッピングという技法が用いられています。

支援活動では、このマッピングの技法を活用してケースのアセスメントや支援計画の策定が行われています。以下ではマッピング技法の代表的なものとして、ジェノグラムとエコマップについて解説します。

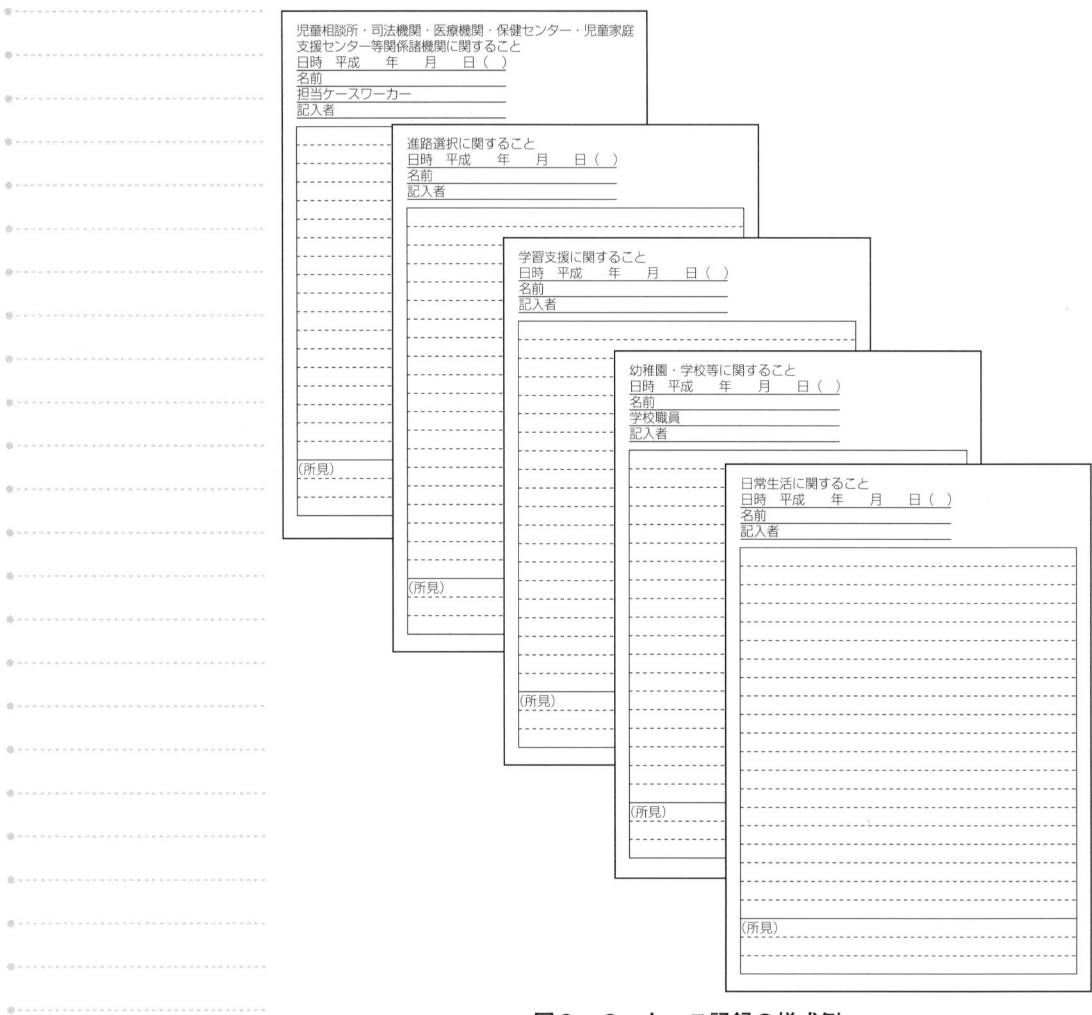

児童相談所・司法機関・医療機関・保健センター・児童家庭支援センター等関係諸機関に関すること
日時　平成　　年　　月　　日（ ）
名前
担当ケースワーカー
記入者
(所見)

進路選択に関すること
日時　平成　　年　　月　　日（ ）
名前
記入者
(所見)

学習支援に関すること
日時　平成　　年　　月　　日（ ）
名前
記入者
(所見)

幼稚園・学校等に関すること
日時　平成　　年　　月　　日（ ）
名前
学校職員
記入者
(所見)

日常生活に関すること
日時　平成　　年　　月　　日（ ）
名前
記入者
(所見)

図３－２　ケース記録の様式例

○ジェノグラム

ジェノグラムは一般的には家系図のことです。虐待ケースなどの場合、家族構成が複雑な場合が少なくありません。こうしたケースの場合、記録文章だけでは家族構成を表現するには困難な場合もあります。家族の人間関係を図式化することによって、家族関係をよりはっきりとわかりやすく示すことができるようになります。ジェノグラムは、原則的には当事者からみた３世代の家族関係を描きます（図３－３）。

○エコマップ

エコマップは、当事者とその家族との関わり、さらには当事者を取り巻く環境や社会資源との関わりについて、記号や線を用いて表すことによって、当事者が置かれている状態を視覚化して表現する技法です。虐待ケースではさまざまな課題を抱えていたり、環境との関係も複雑な状態にある場合が多いものです。このようなとき、エコマップの技法を活用することで、当事者と環境との関係性を把握することが容易になります（図3－4）。

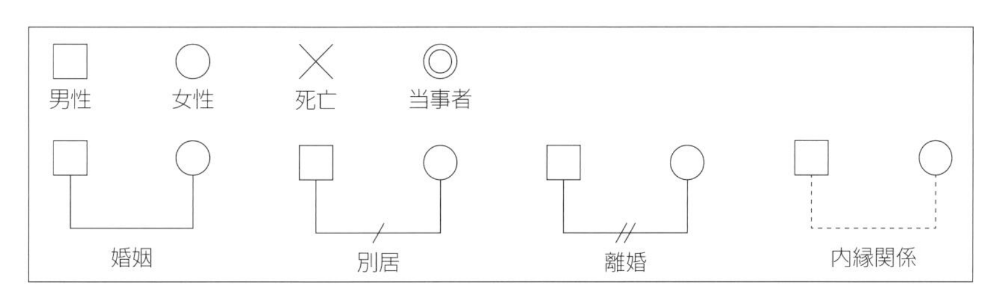

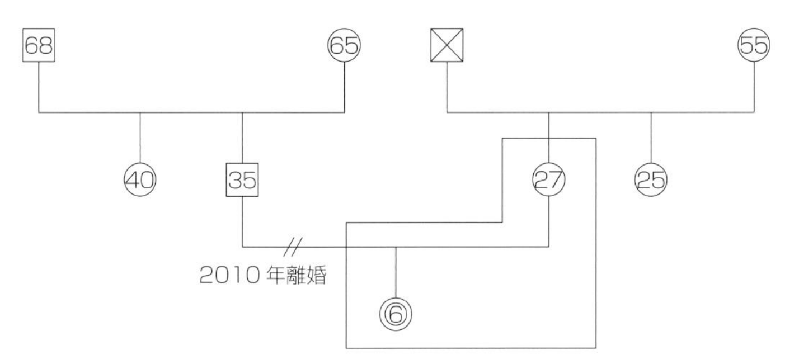

*記号の中央に年齢を記入する
*きょうだいは出生順に左から記入する
*同居家族は線で囲む

図3－3　ジェノグラムの例

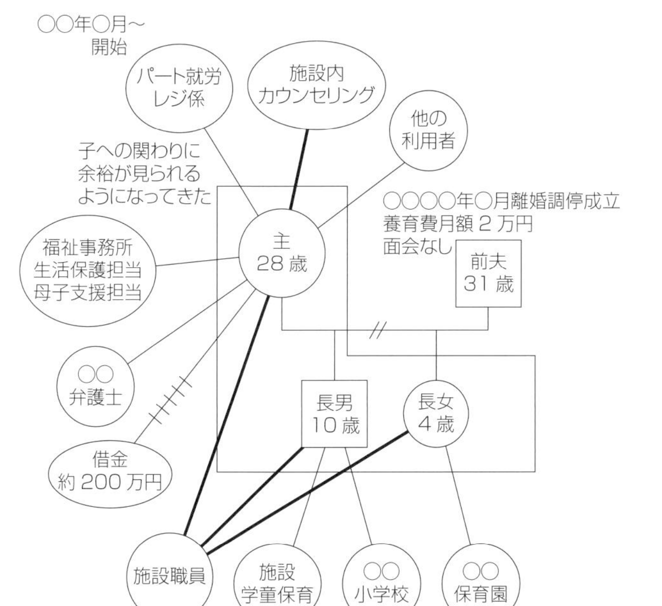

——————	普通の関係
━━━━━━	重要な関係
- - - - - - -	希薄な関係
—┼┼┼┼┼┼—	ストレスのある関係

図3－4　エコマップの例

出典：厚生労働省雇用均等・児童家庭局家庭福祉課「母子生活支援施設運営ハンドブック」p.106 を一部改変

Section 3　評価

3分 Thinking

• 社会的養護の現場では、どのような理由で自己評価が必要とされているのでしょうか。施設内虐待の例などを思い浮かべながら考えてみましょう（必要がないという意見もＯＫ）。

1　自己評価と第三者評価

要約 評価には、評価する側と評価を受ける側が同じ場合と異なる場合があります。同じ場合は「自己評価」、異なる場合は「第三者評価」といいます。

評価は、評価する側と評価を受ける側が同じ場合は「自己評価」といい、異なる場合は第三者評価といいます。

第三者評価は「児童福祉施設の設備及び運営に関する基準」により、その受審と結果の公表が義務付けられています。また制度上３年に１回以上受審することが義務付けられています。さらに毎年、「第三者評価基準の評価項目」に基づいて各施設は自己評価を行うことになっています。これらの取り組みは、「子どもの最善の利益の実現のために施設運営の質の向上を図る」ことを目的に実施されています。

そのほか、社会的養護に関わる施設では多種多様な自己評価があります。これらの自己評価は、①支援者個人の自己評価、②支援チームや施設の自己評価、③支援過程における当事者の自己評価、の３つに分けることができます。

③の当事者の自己評価は、自立支援計画の策定に参加することによって行われます。②の支援チームや施設の自己評価は、子どもや保護者の支援を行う担当職員のチーム（組織）による自己評価（実践記録、引き継ぎ、ケース会議、コンサルテーション＊6、スーパービジョン＊7等で行われる）と、施設・機関の運営・管理に関する自己評価があげられます。この②は、先に述べた「第三者評価基準の評価項目」に基づく自己評価の内容でもあります。以下では、②のなかでもさまざまな自己評価があるなかで、自立支援計画づくりとその実践過程をめぐる自己評価について見ていきたいと思います。

＊6　**コンサルテーション**
専門機関や専門家が他機関や他部門の専門家と協議することをいいます。

＊7　**スーパービジョン**
スーパーバイジー（対人援助職者［例えば保育士］）が、スーパーバイザー（指導者）から教育や指導を受け、専門性を向上させることをいいます。

2　ケースワークのプロセスと評価

要約 自己評価には、①アセスメント（事前評価）、②モニタリング（経過観察）と再評価、③エバリュエーション（事後評価）、という３つの種類の評価があります。

自己評価の方法の一つにPDCAサイクルがあります。それは支援計画を遂行するために、「Plan（計画）」を立て、それに基づいて「Do（実行）」をし、「Check（評価・振り返り）」を行い、「Action（検討・改善）」によって見直し修正するというサイクルで評価を考えるというものです。ケースワークにおける評価もPDCAサイクルが意識されています。

①アセスメント（事前評価）

アセスメントは、児童養護施設等に子どもが入所する際に、児童相談所の情報収集で集められた情報（児童記録票）をもとに、ケースを分析し、課題解決の方向性を検討していく段階です。

児童記録票には、措置や里親への委託に至った経緯、子どもの症状（心の発達［基本的信頼感、愛着の形成、自律性］の状態、身体的発達［低身長、低体重］の状態、トラウマの後遺症など）や問題（盗み、徘徊、うそ、解離、暴力に対する親和性、性的行動への親和性など）、家族の状況、児童相談所の一時保護所での様子など、重要な情報が記載されています。これらの情報をもとに、アセスメント（評価・分析）を行い、長期（いつまでに何を目標として支援するか）の支援目標と短期（数か月）の支援計画を立てる段階へつなげていきます。

ケースをアセスメント（評価・分析）するうえでは、①情報をもとにした理解、②生活歴の理解、③本人の側からの理解の３つの視点が有効です。

②生活歴の理解は、どのような時間的経過を経て現在の子どもの状態があるのか、時間軸にしたがってその背景を知ることです。それは、今後の支援過程でどんな問題が起きるか事前に想定することであり、問題が起きたときにどう対応するか（「手立て」）を決めておくことも意味しています。それによって支援者が問題や当事者に振り回されることを未然に防ぐのです。

③本人の側からの理解とは、例えば、子どもに暴力を加える母親に対して、「どう対応するか」ではなく、子どもに暴力的になってしまう背景を、母親の視点に立って理解することです。その理解があって初めて母親への効果的な支援が見えてくるのであり、それが短期支援計画の具体化につながるのです。

②モニタリング（経過観察）と再評価

支援が計画通りに実施されているか、課題解決に向けて有効に働いているかを見極めていく取り組みです。その際に計画通りに支援が行われていなかったり、課題が改善されていなかったり、新たな事実や課題が発見されたりする場合には改めてアセスメントを行い、再度自立支援計画を策定することになります。

③エバリュエーション（事後評価）

エバリュエーションは、子どもが施設を退所したり里親委託を解除する場合やほかの児童福祉施設へ措置変更となる場合に行われます。

3　評価とケース会議

要約 評価は、実践現場では主にケース会議において行われます。その評価をもとに子どもや保護者とともに支援の内容をつくっていきます。

Section 1で述べた通知では、「ケース会議等で十分に検討し、個別の子どもについて自立支援計画を策定し、これに基づいた支援」と評価を行うとしています。

また、入所中の子どもの自立支援計画は、学校や児童相談所等関係諸機関との連携のもと、複数の情報をもとに多面的・多角的側面から考察することが望ましいとしており、専門機関相互の連携も重視しています。

自立支援計画づくりと実践は、プランニングと評価がベースになっており、それが支援者個人の自己評価と支援チームの自己評価の根拠にもなっているのです。

【参考文献】

●増沢高『虐待を受けた子どもの回復と育ちを支える援助』福村出版　2009年

●学びを振り返るアウトプットノート

年　月　日(　)　第(　)限　　学籍番号＿＿＿＿＿＿　　氏名＿＿＿＿＿＿＿＿＿＿

❖このChapterで学んだこと、そのなかで感じたこと（テーマを変更してもOK）

❖理解できなかったこと、疑問点（テーマを変更してもOK）

❖演習課題❖

1 このChapterの事例にあったA児の家族構成が以下のようであった場合のジェノグラムを作成してみましょう。

A児5歳、母親32歳、母方祖父57歳、母方祖母59歳（会社勤め・共働き）、母の姉35歳(既婚、看護師、2人の子どもあり)、父親34歳(兄弟なし)、父方祖父62歳、父方祖母60歳（自営業・共働き）

2 このChapterの事例にあったA児家族のエコマップを以下の順序に沿って作成してみましょう。

①インフォーマル（家族、友人など）な関係をリストアップします。 ②フォーマル（現在当事者が関わっている児童福祉施設や関係諸機関）な関係をリストアップします。 ③A児あるいは母親への支援の展開に応じて、連携を図る必要がある社会資源をリストアップします。 ④当事者を取り巻く環境との関係線を引きます。

コラム③ 生きてきた「証」

児童福祉施設で保育者が記録を作成する目的には、保育者が行った支援内容の証拠、職員間の情報共有、保育者自身のより効果的な実践に向けた考え方や観察力の確認など、さまざまなことがあげられます。では、子どもの側から見たときに記録はどのような意味を持つのでしょうか。

子どもにとっての記録は、子どもが生きてきた「証」です。子どもは新しいことを理解する力があり、成長が早いため、その日々の姿を記録として残しておくことは大切です。多くの家庭では、子どもの成長を写真や動画で撮影し、「思い出」として残しています。これは、児童福祉施設に入所・通所している子どもも同じことです。しかし、入所前の子どもが置かれていた環境を考えると、子どもの成長の記録が少ない、または残っていないケースは少なくありません。そうなると、子どもたちが大人になったときに、自分がどのように成長してきたのかわからず、また自分が親になったときに子どもをどのように育てていけばよいのかもわからなくなります。

実際にある児童養護施設に入所していた子ども(B児)と児童指導員との間にあった話です。B児は母親の育児放棄によって施設に入所しました。そういった状況のなかで、B児の思い出となる写真や動画はほとんどありませんでした。そこで、担当の児童指導員は写真が趣味であったこともあり、施設内だけではなく、学校の運動会や学芸会などの行事の際もB児を含めた子どもたちの写真や動画を撮影しました。その結果、その写真や動画は施設に入所していた期間のB児の成長がわかる資料にもなりました。その後、B児は大人になり、結婚して子どもを授かりましたが、子育てをするなかで、児童指導員が撮影した写真や動画が子育ての参考になっているとのことです。

児童福祉施設においては、子どもと家庭の関係によって、サービスを利用する期間に違いはありますが、それに関わらず子どもは日々何らかの成長をしています。そうしたことからも、筆記や写真・動画などで記録を残しておくことは大切になります。

「記録」という言葉を使うと堅苦しい感じになりますが、「生きてきた『証』」や「思い出」という言葉を使えば、保育者も活動の場面で写真・動画を有効に活用できるでしょう。だたし、気軽に携帯電話・スマートフォンで写真や動画を撮影できる世の中になったからこそ、記録の管理もしっかりしなければなりません。

社会的養護に関わる専門的技術

●イメージをつかむインプットノート

Section 1 「職員（保育士）の役割と倫理」のアウトライン

社会的養護に関わる職員の役割と倫理について、保育士の責務もふまえて学びます。特に、子どもの権利を守る者、子どもの成長と発達の支援者としての役割を意識しながら学びを深めていきます（p.70）。

Keyword

- ☑ 人権擁護
- ☑ 子どもの権利条約
- ☑ 職員倫理
- ☑ 保育士の責務

社会的養護に関わる専門職は、倫理綱領を理解し遵守していくことが求められます。

Section 2 「社会的養護と相談援助」のアウトライン

保育士養成課程では、ソーシャルワークは「相談援助」として位置付けられています。社会的養護において子どもと家庭を総合的に支援するためには、ケアワークとソーシャルワークを互いに連動させて、生活上のニーズと特定のニーズの両者に対応できる仕組みづくりが重要になります（p.74）。

Keyword

- ☑ ソーシャルワーク
- ☑ パーマネンシーの保障
- ☑ ケアワーク
- ☑ 多様な養育支援モデル
- ☑ ストレングス　☑ エンパワメント
- ☑ ケースワーク　☑ グループワーク

子どもと家庭を総合的に支援するために、ソーシャルワークとケアワークの視点が必要です。

Section 1 職員（保育士）の役割と倫理

3分 Thinking

• 社会的養護のもとで暮らしている子どもたちの幸せと未来を考え、それが具体的にどのようなものであるか、権利という言葉も用いて表現してみましょう。

1　子どもの権利を守る存在としての職員（保育士）

要約 社会的養護に関わる職員（保育士）は、「子どもの権利条約」や保育士の法的根拠である「児童福祉法」に定められている事項について遵守しなければなりません。

①子どもの権利とは

社会的養護に関わる職員（保育士）の役割として、「子どもの人権を守ること」があげられます。

子どもの人権を国際的に保障するために定められた条約に、「児童の権利に関する条約」（子どもの権利条約 *1）があります。この条約の一般原則は、①生命、生存および発達に対する権利と保障、②子どもの最善の利益の保障、③子どもの意見の表明の尊重と保障、④差別の禁止の４つです。この条約は、「国際人権規約」*2 とも理念を共通にし、子どもには特に最善の利益を保障すべきこと、大人以上に、生命、発達、成長、安全、平等、参加といった権利を保障し、社会の一員として、最大限・最優先の保護と援助、権利擁護を行うことを国際的に定めています。

また、2016（平成 28）年の児童福祉法改正においても、第１条の改正で初めてこの条約の精神が明文化されました。児童福祉法の第１条では「全て児童は、児童の権利に関する条約の精神にのっとり、適切に養育されること、その生活を保障されること、愛され、保護されること、その心身の健やかな成長及び発達並びにその自立が図られることその他の福祉を等しく保障される権利を有する」と定められています。

また「こども基本法」が、2023（令和 5）年４月１日から施行されました。その第１条の目的には、日本国憲法および児童の権利に関する条約に則り、社会全体の責任において、子どもの権利を守り、すべての子どもが自立した個人としてひとしく健やかに成長、生活できるようにすることが述べられています。

＊1　**子どもの権利条約**
1989 年の第 44 回国連総会において採択され、1990 年に発効しました。日本は 1994 年に批准しています。

＊2　**国際人権規約**
国際人権規約は、世界人権宣言の内容を基礎として条約化したものであり、人権に関する条約のなかで最も基本的かつ包括的なものとされています。 社会権規約と自由権規約は、1966 年の第 21 回国連総会において採択され、1976 年に発効しました。日本は 1979 年に批准しています。

②職員の倫理とは

子どもの権利が国際的に定められ、子どもの権利に対する社会的な関心が高まる一方で、両親などの主たる養育者による虐待の相談件数は増加し続け、子どもを対象にした犯罪も相変わらず社会問題となっています。また、国の報告では、社会的養護に関わる職員等の虐待の増加が報告されています*3。

このような施設職員による「虐待」は、社会的養護の目的や理念、特にその基盤である「子どもの権利と生命を守る」ことからは、あってはならないことです。専門職としてそれを防ぐためには何が必要になるのでしょうか。それは「価値観」です。そして、その基本にあるのは「人権感覚」であり「倫理」です。倫理の基本的な指針としては「倫理綱領」があります。以下に全国児童養護施設協議会が定めた倫理綱領を掲載していますが、施設職員となった者、職員になる予定の者は、この倫理綱領をしっかり理解することが望まれます*4。

全国児童養護施設協議会 倫理綱領（抜粋）

1．私たちは、子どもの利益を最優先した養育をおこないます

一人ひとりの子どもの最善の利益を優先に考え、24時間365日の生活をとおして、子どもの自己実現と自立のために、専門性をもった養育を展開します。

2．私たちは、子どもの理解と受容、信頼関係を大切にします

自らの思いこみや偏見をなくし、子どもをあるがままに受けとめ、一人ひとりの子どもとその個性を理解し、意見を尊重しながら、子どもとの信頼関係を大切にします。

3．私たちは、子どもの自己決定と主体性の尊重につとめます

子どもが自己の見解を表明し、子ども自身が選択し、意思決定できる機会を保障し、支援します。また、子どもに必要な情報は適切に提供し、説明責任をはたします。

4．私たちは、子どもと家族との関係を大切にした支援をおこないます

関係機関・団体と協働し、家族との関係調整のための支援をおこない、子どもと、子どもにとってかけがえのない家族を、継続してささえます。

5．私たちは、子どものプライバシーの尊重と秘密を保持します

子どもの安全安心な生活を守るために、一人ひとりのプライバシーを尊重し、秘密の保持につとめます。

6．私たちは、子どもへの差別・虐待を許さず、権利侵害の防止につとめます

いかなる理由の差別・虐待・人権侵害も決して許さず、子どもたちの基本的人権と権利を擁護します。

7．私たちは、最良の養育実践を行うために専門性の向上をはかります

自らの人間性を高め、最良の養育実践をおこなうために、常に自己研鑽に

＊3
厚生労働省「被措置児童等虐待への各都道府県市の対応状況について（2009［平成21］～2020［令和2］年度）」によると、「虐待の事実が認められた」ケースは、調査が行われた12年間で約2倍になっています（59件→121件）。虐待の事実を確認した場所は、約7割が児童養護施設などの施設で、里親・ファミリーホームは2割前後となっています。しかし、「措置された児童数」と「虐待事実確認数」の比率を「児童養護施設」と「里親・ファミリーホーム」で比較すると、ここ12年間では、児童養護施設を100%として計算した場合、里親・ファミリーホームが約111%と虐待の発生率が若干高いという数値になりました。このことから、社会的養護の場として今後増えていく「家庭養護」、すなわち、里親・ファミリーホームにおける虐待の防止も大きな課題になっているといえます。

＊4
本書では「児童養護施設」に関わる倫理綱領を掲載していますが、そのほかに「里親信条」「乳児院倫理綱領」「全国母子生活支援施設協議会倫理綱領」「児童心理治療施設倫理綱領」など、施設や事業ごとに倫理綱領や指針が示されていますので、その内容について調べてみましょう。

つとめ、養育と専門性の向上をはかります。

8．私たちは、関係機関や地域と連携し、子どもを育みます

児童相談所や学校、医療機関などの関係機関や、近隣住民・ボランティアなどと連携し、子どもを育みます。

9．私たちは、地域福祉への積極的な参加と協働につとめます

施設のもつ専門知識と技術を活かし、地域社会に協力することで、子育て支援につとめます。

10．私たちは、常に施設環境および運営の改善向上につとめます

子どもの健康および発達のための施設環境をととのえ、施設運営に責任をもち、児童養護施設が高い公共性と専門性を有していることを常に自覚し、社会に対して、施設の説明責任にもとづく情報公開と、健全で公正、かつ活力ある施設運営につとめます。

③保育士の責務

保育士は子どもの権利条約や倫理綱領を遵守するのはもちろんですが、保育士の法的根拠である「児童福祉法」を遵守しなければならないことはいうまでもありません。同法第18条の21には、保育士の「信用失墜行為の禁止」として、「保育士は、保育士の信用を傷つけるような行為をしてはならない」と定められ、第18条の22には、「秘密保持義務」として、「保育士は、正当な理由がなく、その業務に関して知り得た人の秘密を漏らしてはならない。保育士でなくなつた後においても、同様とする」と定められています。

このことから、保育士は、先述の子どもの権利条約の遵守を含めた、高い倫理性と専門性に基づいた責務を果たし、秘密を保持することも含め、保育士の信用と信頼を絶えず維持し、高めていく責務があるといえます。また、秘密保持義務に関しては、社会的養護の現場の場合、子どもの成育歴や背景（親の生活歴、周辺環境、人間関係等）など、子どものその後の人生、取り巻く人々の人生に大きな影響を及ぼす情報を入手・活用、共有することもあるため、子どもやその家族などの最善の利益と、信頼関係の醸成・維持のために、その扱いには最大限の配慮をしなければなりません。そしてこの義務は、何らかの理由で保育士資格者でなくなった場合や退職後もなお、生涯にわたって遵守するべき事項です。

④「社会的養育」の時代のなかで「5領域」を意識した支援の展開

2017（平成29）年8月に、同年6月の児童福祉法の改正を受け、「新しい社会的養育ビジョン」が厚生労働省の「新たな社会的養育の在り方に関する検討会」において取りまとめられ、子育て支援や保育・未就学児教育と、社会的養護を一体的に捉え、社会の責任で子どもを養育する体制の整備を国や地方自治体が推進していく方向性が定められました。

今後、社会的養護は、すべての子どもや親を対象にした育ちの支援、保護者の養育の支援を含めた「新しい社会的養育の政策」のなかの一つとして展開されることとなり、子育て支援との関連性・連続性という観点から、社会的養護の視点・方針を具体化していく必要性があります。そこで、ここでは子育て支援の中核理念である、「保育所保育指針」「幼稚園教育要領」「幼保連携型認定こども園教育・保育要領」において定められている、保育の基本的な視点と要素である「５領域」についても、社会的養護を担う職員は意識していくべきだと考え、その視点を以下に示したいと思います。

まず、「健康」については、子どもたちは成育環境の面から、心身の調子や発達の不安定さを抱える場合も少なくはありません。施設職員は、子どもの心身の調子を絶えず確認し、子どもの心の安定を図ることができるように、愛情を持って接し、存在や気持ちを受容しながら、病気やけがのリスクから守り、子ども自身で健康管理ができるように支援していくことが重要です。

「人間関係」については、社会的養護を利用する子どもの成育歴や背景として、親などとの身近な人との関係性に課題を抱えている可能性があることもふまえて、施設の内外や、大人・子どもに関係なく、より多くの人々と関わる機会を提供し、他人を信頼し、思いやり、お互いに支え合って生活できるよう、基本的信頼感や自己効力感、レジリエンス、コミュニケーション力、共感力、感情コントロールなどを育てていくことが重要です。

「環境」については、成育歴から、子どもが周辺環境との接触について、臆病になる場合もあることもふまえ、子どもの周りの人的・物的・生物的環境に対する好奇心や探究心を開発し、関わる勇気と適応力を伸ばしていけるよう、働きかけていくことが重要です。

「言葉」と「表現」については、被虐待を背景にした暴言や感情的な激しい表現も含め、子どもの表情や言動、行動、気持ちなどのすべてを受け止め、寄り添っていくことが重要です。そして、子どもが自ら感じたことや考えたことを表現する機会を提供し、「相手との円滑な人間関係」が構築できるよう、適切な言葉や行動、表情をつくり出す「表現力」「論理的思考」「傾聴力」「判断力」などが身に付くように、他者とのコミュニケーションを図る機会をつくることが重要です。

以上の「５領域」を意識することは、社会的養護の職員の役割である「子どもの育ちの支援」、特に「社会性の獲得、自立・自律を支援すること」につながります。

Section 2 社会的養護と相談援助

3分 Thinking

- 「入所型の児童福祉施設における相談援助」と聞いてイメージするのは、どんな場面・状況であるか考えてみましょう。

1　社会的養護における相談援助

要約　相談援助（ソーシャルワーク）は「相談・助言等」に限ったものではなく、「当事者が抱える生活課題の解決等を目指して、人と環境の接点に焦点をあてて行われる関わり全般」を指します。代替養育の場ではソーシャルワークとケアワークを連動させた働きかけが重要であり、ソーシャルワークの中心はケースワークとグループワークです。

①相談援助（ソーシャルワーク）が目指すところ

保育士養成課程においては、社会福祉領域でいうところのソーシャルワークを「相談援助」と位置付けて[*5]学習が進められていますが、便宜上、本節では本来の「ソーシャルワーク」に置き換えて説明をしていきます。

“ソーシャルワークを展開する”とは、生活課題の解決等を目指して、人と環境の接点に関与（以下「介入」）する形で各種の支援を行うことをいい、人と環境双方への働きかけを通して「環境に対する処理能力（coping ability）を高める」とともに、「環境への応答性（responsiveness）の増進」を図ること[*6]を目指して対象者を支え続ける取り組み[1)]と理解されています。

とりわけ、不適切な養育環境から子どもたちが保護されて代替養育[*7]に移行したあとにおいては、この両視点から子どもの生存・発達・ニーズを意識した意図的な働きかけが不可欠です。これらが欠けてしまう場合には家庭から引き離しただけの状況を招いたり、健やかな育ちを害する要因にもなりかねないなど、専門的な関わりとはかけ離れた事態になることも予測されます。

＊5
2016（平成28）年の第4回保育士養成課程等検討会における「養成課程で相談援助技術、いわゆるソーシャルワークを丁寧に教えていかないといけない」（汐見稔幸座長談）とする記録や、現行の「保育士養成課程を構成する各教科目の目標及び教授内容について」では、従来の「ソーシャルワーク」の部分の多くが「相談援助」に置き換えられているなど、両者は同義に用いられています。

② 社会的養護における相談援助（ソーシャルワーク）の展開

社会的養護におけるパーマネンシーの保障[*8]を目的・目標としたソーシャルワークは、児童相談所が中心となって「家庭復帰プラン（計画）」を立てて実行したり、それが不適当な場合には養子縁組を推進する形で行われています。一方で、社会的養護を「在宅支援と代替養育の連続性」の視点から捉えると、「普段は代替養育の場で生活しながらも週末は家庭で生活」したり、「普段は家庭で生活しながら定期的に代替養育の場で生活」して親子関係再構築の一助とする、「里親家庭で生活しながらも必要に応じて宿泊を伴った施設を活用」するなど、柔軟な制度的運用を含めた多様な養育支援モデルの構築[2)]が検討されるべきです。

そして、「新しい社会的養育ビジョン」にも示されているように、ソーシャルワークを中心とした支援体制を構築する際には、社会資源の有効な活用を目指して市区町村内のあらゆる分野の事業や機関が手を取り合い、分野を超えた連携や協働も視野に入れて取り組んでいくことが求められます。

③ ケアワークとソーシャルワーク

社会的養護においては、児童養護施設運営指針[3)]に示されるように、ケアワーク[*9]とソーシャルワークを適切に組み合わせて家庭を総合的に支援する仕組みづくり[*10]が必要です。このとき、ケアワークは子どもの生活基盤を安定的かつ継続的に支えることを目的に行われ、一方のソーシャルワークは生活に直接的に関与するのではなくニーズや特定の領域に焦点をあてていくことになりますが、このように両者が互いに連動することで、「生活上のニーズ（衣食住の保障等）」と「特定のニーズ（虐待へのケアや社会資源とのつながり等）」に対応できる仕組みができあがります。

現在の制度上、代替養育の場では、児童福祉法等に基づき「自立支援計画」が策定されています。加えて、パーマネンシーの保障に向けて、「新しい社会的養育ビジョン」では、保育士等がチームとしてケアを展開していく際には、家族の再統合を目指した「家庭復帰プラン（計画）」と、子どものニーズ等に応じた「養育プラン（計画）」が、日々のケアワークとのつながりをふまえて立案・実行されることが望まれているように（表4－1）、子どもや家庭（保護者）を支援する際には、ソーシャルワークとケアワークの特長を生かした視点が重要になります。

表4－1　永続的解決に向けたソーシャルワークを用いた支援計画

●家庭復帰プラン（計画） ・児童相談所が責任を持って計画を策定する（施設の職員等と協働のもとに実行されるべき計画）。 ・親・子ども・家庭・地域のアセスメントに基づいており、親や家庭支援の頻度・内容・担う機関や人材の計画、その計画の効果の評価方法、子どもと親の再統合に向けた計画等が含まれる。 **●養育プラン（計画）** ・施設や里親が責任を持って計画を策定する（児童相談所と共有して実行される計画）。 ・子どもの発達や心理的状況、ニーズ等に応じるものであり、例えば、傷つき体験からの回復を図る内容等が該当する。

出典：厚生労働省「新しい社会的養育ビジョン」をもとに作成

＊6
生活モデルを唱えたジャーメイン（Germain, C.）とギッターマン（Gitterman, A.）は、「環境に対する自身の対処能力をcoping ability」、「環境が人のニーズに答える応答性をresponsiveness」と呼び、対処能力や応答性が低い場合に生活ストレスが発生するとしました。

＊7　**代替養育**
「新しい社会的養育ビジョン」では、「社会的養護には、保護者と分離している場合と分離していない場合の両者を含むが、分離している場合を特に代替養育と呼ぶ」（ただし、親族、非親族、学生寮、下宿、法外施設等に保護者と契約で養育されている場合には社会的養護に含めない）と定義しています。

＊8　**パーマネンシーの保障**
「永続的な家族関係をベースにした家庭という育ちの場の保障」を意味します。

なお、自立支援計画を策定するにあたっては、保護者や子ども等の参画を促して、当事者が主体的に「計画の立案」－「遂行」に至る一連の過程に参加できる機会を持つことが大切です。それにより、今後の見通しを持ちやすくなるだけでなく、計画・支援内容への理解や責任感を促したり、当事者の持つ強み（ストレングス）の部分を見つけて持っている力を引き出す（エンパワメント）ことで、成長につなげられるなどの成果・効果を期待することができます。

＊9　**ケアワーク**
子どもへの日常生活全般を支える直接的なサービスのことであり、一般的には、身体的援助（食事・排泄・入浴・移動等の介助や介護）と家事援助（電話・買い物・食事の支度等）に大別できます。

④代替養護における相談援助（ソーシャルワーク）の実際

ソーシャルワークはさまざまな方法・技術からその体系が構成されていますが、代替養育の場では主に直接援助技術に位置付けられるケースワーク（個別援助技術）とグループワーク（集団援助技術）を用いて支援が [＊11] 展開されます。

＊10
施設にはソーシャルワークの機能を生かす立場にある家庭支援専門相談員や里親支援専門相談員が配置されていますが、子どもやその家庭への支援を考えた場合、ソーシャルワークとケアワークの両視点から取り組んでいくことができる保育士の存在は非常に大きなものがあります。

○ケースワーク（個別援助技術）

児童養護施設をはじめとする入所型の施設では、「子どもの生活の場としての関わり」のほかに、「家族・学校・地域・関係機関等との連絡調整を行う」役割を担っています。前者では、児童相談所と施設との協働のもとに自立支援計画が立案され、ケースワークを中心として展開していくことになります。後者では、児童相談所と連携しながら保護者との面会を調整したり、電話やメール等を利用してお互いの状況や様子を伝え合うなど、子どもとの関係性に着目しながら家庭復帰（家族の再統合）に向けた各種の取り組みが行われることになります。

○グループワーク（集団援助技術）

生活型の児童福祉施設では、遊びや余暇、学習支援の場などにおいて、グループワークを用いた場面を設定していくことがあります。とりわけ、遊びの場面においては、集団のなかに入ることでリーダーシップやメンバーシップが養われ、メンバー間の協調性や信頼関係等が築かれていきます。また、グループ内で生じた葛藤や衝突に対応していく課題解決力を学ぶ機会にもなります。学習支援の場では学年や習熟度に応じて小グループをつくり、学習過程のなかで子どもが達成感を感じられる体験・経験を重ねることで、自信や自己肯定感の獲得につなげていくことができるなど、集団（グループ）で行うことの利点を生かした支援や効果が期待できます。

⑤代替養護における相談援助（ソーシャルワーク）の特徴

近年、施設の小規模化・地域分散化の流れに伴い、子どもたちに目を配る時間を多く持てるようになってきたことは事実ですが、日常生活のなかで展開されている保育士等が行ういわゆる“ケア”は、一定の目的を持って展開されることから、子どもが抱く活動の目的（認識）とは一致しないことが少なくありません。

前出のグループワークを例にすれば、メンバーが課題を認識して取り組む一般的な活動とは異なり、生活型施設での活動の多くは個人が立てた目標や目標達成をゴールとするものというより、むしろ保育士が意図的に環境をつくったり、子どもたちに動機付けを行うなかで成長発達を促す機会であることが多いなど、常に子どもの生存・成長発達・ニーズに応じた適切な活動となることを意識して取り組んでいくことが重要です。

その観点から捉えると、ソーシャルワークとは、支援する側の力量が常に問われる極めて創造的（creative）*12 な営みであるといえます。そして、そのような力を備えたジェネリック・ワーカー（generic worker）ともいうべき保育士こそが、今まさに社会的養護の現場で求められています。

⑥地域・社会に対する相談援助（ソーシャルワーク）

ソーシャルワークには、ケースワークやグループワークが「支援を必要とする人々に対して直接的に働きかける」特徴を持つ直接援助技術であるのに対して、間接的に働きかける援助技術もあります。

昨今、施設内外の現状や制度・政策の内容などに対して、専門職には「現状に満足するのではなく、高い意識を持ってその質の向上に努める」ことが求められています。このような「地域や社会の福祉分野が抱える課題の解決・緩和、質の向上などを目指して、国や地方公共団体に要望したり、制度設計への意見、世論への喚起等の働き掛けを行う」ことをソーシャルアクション *13 といい、間接援助技術の代表例として位置付けられています。

〇ソーシャルアクション（社会活動法）

子ども家庭福祉の領域では、近年、社会的養護の支援を受けている（受けていた）当事者が、その体験や経験を語り、社会的養護の質のあり方を問う活動が増えてきています[5)]。そのなかにあって、日常生活のなかでの情報共有・収集の手段としてSNS（Social Networking Service）の台頭が著しい近年では、これらの内容（意見等）が行政の施策に直接・間接的に影響を与えていることは否定できません。その取扱いには留意すべき点が多いのも事実ですが、「ウェルビーイング（well-being）」の視点から社会に向けて情報を発信したり、「制度・政策を吟味（分析）」すること等、SNSはソーシャルアクションを支える方法論として機能していく可能性を有しています。

そして、児童福祉施設の職員には、それぞれの施設種別の目的（存在意義）の達成を目指して、施設内外における支援の質を確保（改善等を含む）していく姿勢が大切です。その手段の１つがソーシャルアクションに基づく行動で

＊11
2024（令和6）年4月より、施設を退所した子ども等に対する自立生活や就労継続の支援を目的に、地域資源（自立援助ホームや児童家庭支援センター等）を当該拠点として活用して、生活や就労に関する相談や自助グループによる意見交換等を行う社会的養護自立支援拠点事業が創設されています。同事業においてもソーシャルワークを活かした取り組みが行われます。

＊12
社会的養護に携わる保育士には、その領域に精通したケアのスペシャリストであると同時に、幅広い視野を持ったケアのジェネラリストとしての力が求められます。

あり、これらの行動を行う意義は、何よりも「子どもの最善の利益を守る」ことにあります。

＊13
ソーシャルアクションの特徴は、①取り組む課題が「社会福祉に関する問題の解決」であること、②当事者に代わって行動する「アドボカシー型」の活動が少なくないこと、③当事者自身による「当事者主体型」とともに専門家とともに活動を起こす「協働型」の動きが増えてきていること[4)]、等にあります。

【引用文献】

Section 2

1）北川清一『児童養護施設のソーシャルワークと家族支援―ケース管理のシステム化とアセスメントの方法―』明石書店 2010年　p.129

2）新たな社会的養育の在り方に関する検討会「新しい養育ビジョン」2017年8月2日　pp.19-20

3）厚生労働省雇用均等・児童家庭局長通知「児童養護施設運営指針」2012年3月29日　p. 4

4）沢田清方「社会活動法の理論と技術」福祉士養成講座編集委員会編『社会福祉援助技術Ⅱ　第2版』中央法規出版　2003年　pp.310-312

5）倉石哲也「相談援助の技術と方法」倉石哲也・大竹智編『相談援助』ミネルヴァ書房　2017年　pp.103-104

【参考文献】

Section 1

●ユニセフ編、世取山洋介・中山美佳監訳『「子どもの権利条約」学習ノート』あゆみ出版　1996年

●加藤孝正・小川英彦編『基礎から学ぶ社会的養護』ミネルヴァ書房　2012年

●末冨芳編、秋田喜代美・宮本みち子監修『子ども若者の権利とこども基本法（子ども若者の権利と政策）』明石書店　2023年

●甲斐田万智子監修『きみがきみらしく生きるための　子どもの権利』KADOKAWA　2023年

●森眞理・猪田裕子編『子どもの権利との対話から学ぶ　保育内容総論』北大路書房　2022年

●公益財団法人児童育成協会監修、相澤仁・林浩康編『社会的養護Ⅰ　第2版（新・基本保育シリーズ）』中央法規出版　2022年

●公益財団法人児童育成協会監修、相澤仁・村井美紀・大竹智編『社会的養護Ⅱ（新・基本保育シリーズ）』中央法規出版　2019年

●新たな社会的養育の在り方に関する検討会「新しい社会的養育ビジョン」2017年

Section 2

●畠中義久編『社会的養護内容総論［その理論と実際］』同文書院　2014年

●網野武博『児童福祉学＜子ども主体＞への学際的アプローチ』中央法規出版　2002年

●学びを振り返るアウトプットノート

年　月　日(　)　第(　)限　　学籍番号＿＿＿＿＿＿　　氏名＿＿＿＿＿＿＿＿＿＿＿＿

❖ このChapterで学んだこと、そのなかで感じたこと（テーマを変更してもOK）

❖ 理解できなかったこと、疑問点（テーマを変更してもOK）

❖演 習 課 題❖

1. 子どもの権利条約における子どもの権利について、日本ユニセフ協会では大きく4つに分類していますが、それらについて確認してみましょう。
2. 社会的養護に関わる職員（保育士）は、子どもの人権を守り、子どもの将来・人生をより良くするための支援を行いますが、どのような点を意識することが必要でしょうか。
3. 社会的養護のソーシャルワーク（相談援助）の過程において、「子ども」や「保護者」をキーワードとして自立を支えていく際に、保育士等はどんな点に留意したらよいか考えてみましょう。
4. 「保育所における相談援助（ソーシャルワーク）」と、「児童養護施設における相談援助（ソーシャルワーク）」では、それぞれ特徴はどこにあるのか考えてみましょう（具体的に答えにくい場合は、イメージなどでもOK）。

○ コラム④ 福祉国家スウェーデンにおける社会的養護の位置付け ○

ヨーロッパ北部、国土の一部が北極圏に入る北国スウェーデンは、安心して暮らせるように国が手厚い支援をする福祉国家として有名です。

失業していても、障害があったとしても、離婚していても、生きていけるサポートを得ることができ、そのために必要な資金やサービスは政府が積極的に保障します。賃金水準が高い一方で、労働時間は平均して週 36 時間と少なく、育児休暇も両親合わせて最長 480 日間あります。そして、一人ひとりが就労し、経済活動に関わることで税を負担し、手厚い福祉制度を国民全員で支えるという仕組みになっています。賃金に課す税金である所得税が主な財源なので、人々の賃金が上がるほど国が潤い、消費税を福祉目的税としなくても福祉が充実します。社会の力によって国民の生活を安定させることで、子どもを持つ親が貧困になりにくく、結果として虐待など、子どもの生活を不安定にする要因を未然に防いでいます。

スウェーデンの児童福祉の法体系は、まず「親子規範」によって子どもの養育される権利、安全確保などが規定されています。それに基づいて福祉制度全般を定める法律である「社会サービス法」のなかで、児童福祉においては施設養護を最小にして里親養護を優先する、脱施設化の原則を打ち出しています。ただし、近年では里親の利用が減り、公立の小規模施設や、民間の大規模施設の利用が増える傾向があります。そして「児童特別保護法」で強制保護を規定しています。

このようにスウェーデンの法律では児童の社会的養護よりも、より幅の広い普遍主義的な家族支援サービスを政策の中心にして展開しています。まずは家族支援サービスによって家族の維持・継続が図られ、どうしても家族がうまくいかない場合に社会的養護が行われます。

つまり、スウェーデンの福祉国家を全体として見ると、第１に国民全体を対象とする福祉政策や労働政策によって貧困化を防ぎ、第２に予防的な家族政策によって、家族の維持・継続が図られ、第３にどうしてもうまく行かない場合に、一時的な対策として社会的養護が行われるという、３層のセーフティネットがあり、その最後のネットとして社会的養護が位置付けられています。福祉国家の仕組みによって社会的養護の利用者だけではなく、すべての子どもを貧困から守ることが最優先になっているのです。

こうしたスウェーデンの手厚い児童福祉政策の背景には、労働組合の存在があります。労働組合が適切な労働を保障することで国民の生活を守っていること、最大の圧力団体として政治を動かして福祉政策を推し進めていること、何より現場で働く福祉労働者の労働条件を改善し、行政や施設の経営に参加していることがあります。福祉労働者は労働組合を通じて経営者や行政、政治家と、あるいは労働者同士で、福祉労働のあり方について、日常的に話し合いを繰り返しているのです。

事例編

社会的養護の実際①（養護系施設）

●イメージをつかむインプットノート

Section 1 「乳児院の事例」のアウトライン

このSectionでは、乳児院に入所してくる子どもたちにどのような支援をすることが最善の利益につながるのかを考えていきます。そのためには特に、分離された理由は何かを考えて家庭支援を行うことが重要です。また、乳児院は0歳児から入所可能なため、細かな情報が必要です。さらに、保護者支援を行うために保護者の人物像を明らかにすることも重要となります。これらについて事例を通して学んでいきます（p.87）。

Keyword

- ☑ 分離理由
- ☑ 人物像
- ☑ 連携

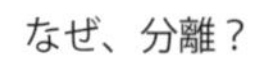

Section 2 「母子生活支援施設の事例」のアウトライン

母子生活支援施設は、社会的養護に関わる施設で唯一、母子でないと入所できない施設です。そのため、社会生活上起こり得るさまざまな課題のすべてが支援の対象となります。事例を通して「自立」とは何かを考えると同時に、各職員が母親の心の動きを念頭に置いて、直面するさまざまな課題に取り組む必要があることを理解していきます（p.91）。

Keyword

- ☑ DV（ドメスティック・バイオレンス）
- ☑ 緊急一時保護　☑ 発達障害
- ☑ 自立に向けた支援

Section 3 「児童養護施設の事例」のアウトライン

近年、児童養護施設には虐待を受けた子どもたちが多く入所しています。どの子どもも親との別れや慣れ親しんだ環境から分離され、不安を抱えながら新しい生活を始めます。事例ではそのようななかで課題を持つ子どもたちの成長を支援するために、児童養護施設においてどのような取り組みがされているのかを学びます（p.96）。

Keyword

- ☑ 被虐待児の理解
- ☑ ケース会議を通じたアセスメント
- ☑ 具体的な支援内容・方法

Section 4 「地域小規模児童養護施設の事例」のアウトライン

地域小規模児童養護施設は、地域の民間住宅等を活用して設置され、近隣住民との適切な関係を保持しつつ、家庭的な環境のなかで養育を行うことにより、入所している子どもの社会的自立を促進する施設です。子どもの定員６名に対し常勤の職員はおおむね３人で、本体施設からの支援を受けながら運営しています。子どもの人数が少ないことで、きめ細やかなケアができる一方、子どもからのニーズが集中しやすく、配置された職員には高度な専門性と資質が求められます。国の方針では児童養護施設の小規模化・地域分散化が示されていますが、事例を通して実状と課題を理解していきます（p.103）。

Keyword

- ☑ 家庭的養育
- ☑ 給付型奨学金
- ☑ 職員間の連携

地域小規模児童養護施設では、子どもの定員６名に対し常勤職員＋α（本体施設からの派遣）で運営しています。

Section 5 「児童心理治療施設の事例」のアウトライン

児童心理治療施設に入所する子どもやその家族は、地域から孤立していることが多く、また、家族のなかで誰かが孤立していることもあります。そのなかで、子どもと家族、そして家族と地域をどのようにつないでいくのか、子どもと家族の揺れに寄り添うにはどのような支援ができるのかを本事例を通して考えていきます（p.111）。

Keyword

- ☑ 子どもと家族の主体性
- ☑ 家族と地域をつなぐ
- ☑ 揺れに寄り添う

施設の役割は、子どもや家族が地域とつながっていく手助けや、そっと後押しをすることです。

Section 6 「児童自立支援施設の事例」のアウトライン

児童自立支援施設に入所している子どもたちは、例えば「発達障害がある」「被虐待経験がある」「これまでの大半を施設で暮らしてきた」「登校経験がない」など、実にさまざまな事情を（多くの場合、重複して）抱えており、入所に至る経緯もさまざまです。そのような子どもたちに対し、職員は長期的な視点を持って子どもの最善の利益を考え、多職種・他機関と連携・協働しながら支援している実際を事例から学んでいきます（p.116）。

Keyword

- ☑ 生い立ちの整理
- ☑ 措置変更
- ☑ 情報共有・連携
- ☑ 家族関係の調整

児童自立支援施設に入所している子どもたちは、多くの場合、重複して課題を抱えています。

Section 7 「自立援助ホームの事例」のアウトライン

自立援助ホームに入所する子どもの多くは被虐待児であることが多く、人間関係や生活場面での困難を抱え、社会適応ができないことがあります。そうしたなかで、指導員との信頼関係を通して社会で生き抜く力を養い、経済的・精神的にも自立できるように援助をしていく必要があります。

そこで、事例では最近求められている自立援助ホームにおける就学支援を取り上げ、学業と就労の両立ができるよう、指導員が子どもの最善の利益のためにどのように子どもに寄り添いながら援助を行っているのかを理解していきます（p.122）。

Keyword

- ☑ 被虐待児との人間関係
- ☑ 就学支援
- ☑ 生活支援
- ☑ 就労支援

Section 8 「児童家庭支援センターの事例」のアウトライン

児童家庭支援センターは、相談員と心理職員を配置した地域の貴重なファミリーソーシャルワーク機関です。そこでは、児童養護施設や乳児院、母子生活支援施設といった社会的養護施設をはじめ、学校、児童相談所、福祉事務所などの公的専門機関、さらには地域自治組織や市民活動団体（NPO 組織）との連携のもとで、多彩な支援が展開されています。事例では多機関協働により、要保護児童やその家庭の成長を見守る支援がどのように実践されているのか、その支援のあり方や課題について理解します（p.127）。

Keyword

- ☑ 要保護児童対策地域協議会
- ☑ 子ども食堂
- ☑ 支援者への支援
- ☑ アウトリーチ
- ☑ 親子関係再構築支援

児童家庭支援センターは、さまざまな機関をつなぐ結節点の役割を果たしつつ、多機関協働により支援を行っています。

Section 9 「NPOによるアウトリーチ型の子ども・若者支援、居場所づくりの事例」のアウトライン

児童相談所等の援助機関や「支援」に拒否的な態度を示す親子も存在します。援助機関や子育て支援に関するサービスは増えていますが、情報が届かず、利用されない場合もあります。私たちは、援助機関から遠ざかる、枠組みから外れる親子とどのように向き合うべきなのでしょうか。

社会的養護分野では、退所後の「アフターフォロー」が注目されていますが、事例では「予防」を目的としたアウトリーチの実践を紹介します。そして、子ども・若者支援における「居場所づくり」についても検討します（p.132）。

Keyword

☑ 支援拒否　☑ アウトリーチ
☑ 子どもの尊厳と主体性　☑ アフターフォロー
☑ 居場所づくり

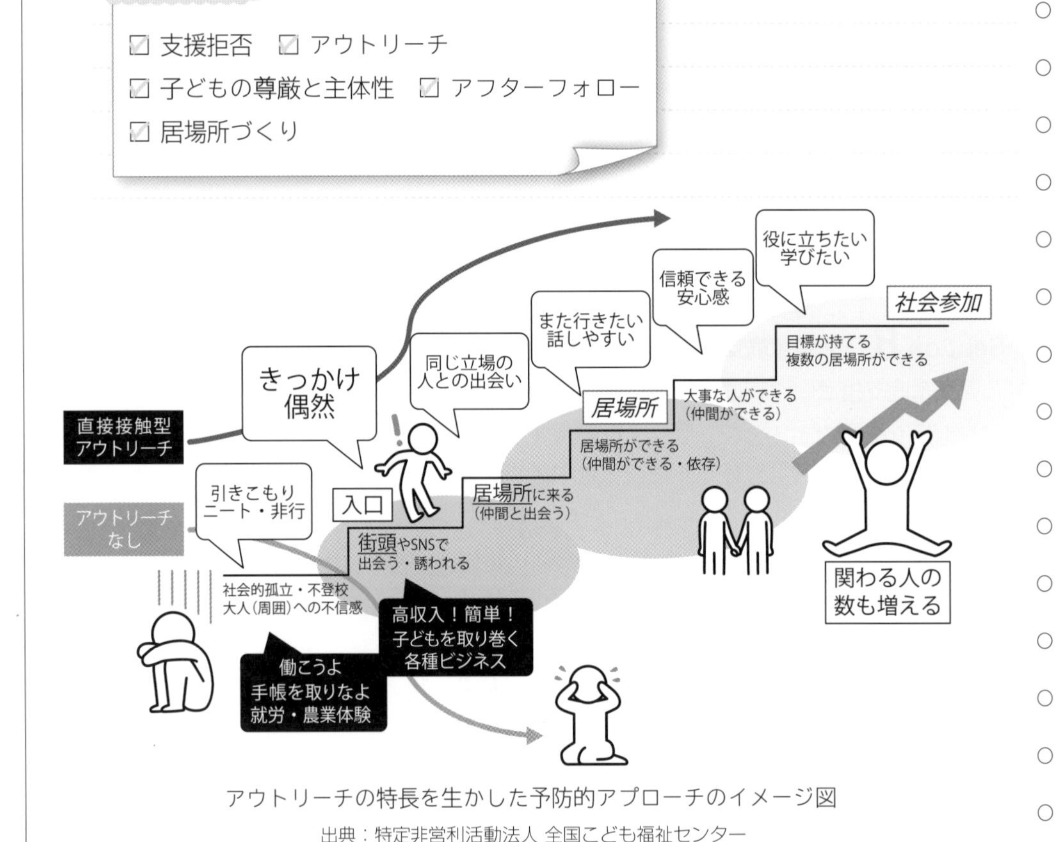

アウトリーチの特長を生かした予防的アプローチのイメージ図
出典：特定非営利活動法人 全国こども福祉センター

Section 1 乳児院の事例

1 支援の過程

本人等のプロフィール

- Ａ児（生後６か月）：男児。未熟児で生まれた。
- 父親（35 歳）：会社員。毎日遅くまで働いている。
- 母親（32 歳）：専業主婦。精神的な課題を抱えている。
- 父方祖父（70 歳）：会社員。家庭内での力を持っている。
- 父方祖母（65 歳）：専業主婦。病弱で息子夫婦の子育てを支えることはできていない。
- 母方祖父：母親が 20 歳のときに死亡。
- 母方祖母（62 歳）：パートで働いている。時々Ａ児に会いに行っている。

ジェノグラムを作成してみよう

Ａ児が入所に至った経緯

Ａ児は早産であったため大学病院の新生児センターで生まれた。その後、新生児センターの医師が、母親がＡ児に興味を示さない状況に疑問を持ち、虐待（ネグレクト）の疑いがあると判断して児童相談所に通告をした。

児童相談所は、両親と面談し家庭で育児ができるか確認を行った。父親は精神的な課題を抱える母親の育児に対して不安を持っていたため、Ａ児の乳児院への入所を希望したが、祖父の反対を受け入所に同意しなかった。しかし、児童相談所はこのままＡ児親子を家に帰すことに不安を持ったため、両親に乳児院の見学をすすめた。乳児院での丁寧な説明もあり両親は入所に同意したが、やはり祖父の反対にあい入所できない状況が続いた。その後、Ａ児親子は退院することになり、家庭に戻ってからは保健センター *1 の保健師が支援を行っていた。

ある日、母親から「私はもうこれ以上Ａ児の育児をすることができません。入所させてください」と乳児院に連絡があった。乳児院は児童相談所に連絡するとともに、両親に再度乳児院についての説明を行った。自宅に帰ると祖父の反対にあい入所できないことも考えられたため、その場で入所への同意をとり、Ａ児は入所することになった。

＊1　**保健センター**
市町村保健センターは、地域保健法において「住民に対し、健康相談、保健指導及び健康診査その他地域活動に関し必要な事業を行うことを目的とする施設」と定義されています（第 18 条）。現在では検診以外にも、乳児家庭全戸訪問事業（こんにちは赤ちゃん事業）などの虐待防止にも大きな役割を担っています。

A児の状況

A児は、未熟児で生まれたこともあり、口唇口蓋裂[*2]と心臓病を患っていた。体重が増えない限りはどちらの手術もできないという状況であったが、この時点でそのほかの発達に問題はなかった。

＊2　**口唇口蓋裂**
口唇口蓋裂とは、先天的な病気の一つで、胎生期における口唇や口蓋（口のなかの上側の壁を指し、鼻腔と口腔を分ける役割を持つ）の癒合が完成しないまま生まれてくる状態をいいます。口唇口蓋裂では、唇が離れたままになってしまう「口唇裂」や、口蓋が分かれ口腔と鼻腔がつながった状態になる「口蓋裂」が引き起こされます。日本では、500～600人に1人の割合で口唇口蓋裂の赤ちゃんが生まれてくると考えてられています。口蓋裂のみの場合はもう少しまれで、およそ700～800人に1人といわれています。

入所時のアセスメント

入所時には非常に細かな情報収集を行わなければならない。はじめに、家族構成や人間関係、支援団体を把握するために、ジェノグラム併用のエコマップを作成し、ケース全体の施設内共有を図った。次に、人物像を明らかにするためにA児、父親、母親、祖父母の情報収集を行い、その結果をもとに、なぜ親子分離を行わなければならなかったのかを分析した。そして、児童相談所と互いの分析結果を共有し、今後の支援に生かすようにした。

アセスメントの結果、母親の精神的課題はアルコール依存症であることがわかった。また、乳児院と連携をとっていた新生児センターの医師が、A児は胎児性アルコール症候群であると診断した。

父親に関しては、仕事で毎日遅くまで働いており、日曜日くらいしかA児と関わることができていなかった。また、父方祖父とはA児の乳児院入所を巡って対立している状況であった。

父方祖父はA児が未熟児で生まれたことや心臓病などを患っていることを受け入れられていないようで、児童相談所の職員が訪問した際も「何しに来た。迷惑だ。帰ってくれ」と訪問を拒否していた。また、父方祖母は病弱であり、息子夫婦の子育てを支えることはできていなかった。

母方祖母は父方祖父母を受け入れていない状況で、母親がアルコール依存症になった経緯については詳しくわからないが、母方祖母は父方祖父母の影響だと思っているようであった。

A児に関しては、基本的生活習慣を細かく情報収集し、発育、発達、病気の状況、手術までの目標等の確認をしていった。そして、アドミッションケア時に作成する「自立支援計画」では、以下の支援目標等が示された。

①分離した理由：母親のアルコール依存症による養育困難と家族のなかでの孤立（家族に支援者がいない）

②長期目標：家庭復帰を目標とはするものの課題が多くあるため、2歳まではA児の健康面での回復を最優先し、細かな数値目標を立て支援を行う。

③短期目標：A児に対しては、手術に向けた体力づくりとネグレクト状態であったことが考えられるため、個別の関わりを多く持ち、安心感を得られるようにする。母親に関しては、アル

コール依存症の特徴をふまえた関わりのなかで孤立していないことを感じてもらい、精神的な安定を図る。家庭支援の大きな柱となるのは家庭内での支援体制である。そのために父親に母親のよき理解者になることを望みながら、父親と父方祖父との関係を修復できるように支援を行う。

入所後の支援

乳児院では、保育士と看護師が「保育看護」という視点で子どもたちのケアにあたっている。

①Ａ児への支援

Ａ児への支援は、Ａ児が未熟児で生まれたこと、胎児性アルコール症候群であることから、今後さまざまな身体的な問題が生まれることも予想された。また、風邪などの感染症から守ることが重要であった。そこで、３つの支援を重点的に行った。

一つ目は、体力をつけることである。体力をつけるためには栄養を取ることが必要であるが、Ａ児は口唇口蓋裂のためミルクをうまく飲めなかった。そこで特殊な哺乳瓶を使用し十分にミルクを飲むことができるようにした。二つ目は、看護師を中心に感染を防ぐために職員の手洗いや外部からの細菌の持ち込みを防ぐ努力をした。しかし、完全ではないため風邪で入院することはときどきあった。三つ目は、スキンシップを重視した関わりである。Ａ児はネグレクト状態にあった可能性があるため、保育士や看護師の呼びかけにも反応が少ない状態にあった。Ａ児との関わりでは、抱っこ授乳はもちろんのこと、多くの声かけをしていった。また、「あやす」ことは子どもとのスキンシップを図る点で重要であるが、そのほかにも発達の状態を確認するうえで重要であるため、意識的に行っていった。

②母親への支援

家庭支援に関しては、母親の孤立を防ぐために面会は自由とした。母親はその後２回ほど面会に訪れたが、Ａ児に関わろうという意味ではなく、職員のなかでも特に男性職員との関わりを求めている様子であった。母親に依存性が高い面がみられたため、距離感に関しては特に注意することを施設内の職員間で共有した。母親はＡ児に対してかわいいという思いはあるものの、精神的な不安定さからこのような行動に出るのではないかと判断した。

母親との会話のなかで気になったことは、母親が家庭で孤立していたことであった。「夫は仕事が忙しくて平日はほとんど会話がない」「祖父に関しては、私を認めてくれない。要求することが多くてとても疲れる」ため、「頼りにできるのは実の母親しかいない」と話した。実際に母方祖母は、Ａ児が風邪で入院したときも積極的に入院宿泊を行った。

父親は月に一回の面会であった。A児に関しては関わり方がわからないのか、自ら積極的に関わろうとはしなかった。施設としては、母親のよき理解者になってもらうように面談を繰り返していった。

地域からの支援という点においては、保健センターの保健師が家庭訪問をし、母親の話し相手になった。また、A児の様子を確認するため、乳児院にも面会に訪れた。

その後、A児への支援は続いているが、A児が家庭復帰する際の地域の受け皿をどうしていくのかという最大の課題に対して、施設と地域が連携していくことが求められている。

2 支援の視点

- アドミッションケアでは、本事例のように親子がなぜ分離せざるを得なかったのか原因（分離理由）を明確にすることが最も大切である。この分離理由を解決することこそが施設での支援の柱になる。そして、分離を決定した児童相談所と互いの分析結果を共有することが大切である。
- ケース全体を捉える際には、本事例のようにジェノグラム併用のエコマップを作成し、子どもを取り巻く人間関係（親子の関係、父親と母親の関係、両親と祖父母との関係など）を整理し、どのような育ちをしてきたのかを理解することが必要である。その際に大切なことは、事実と推測をはっきりとさせることである。
- 支援の基本は「知る」ことにある。ケースの全体像を知ったうえで、次にどのような子どもなのか、どのような親なのか、その人物像を知ることが必要である。この人物像が明確になっていなければ関わり方が見えなくなる。そして、そのために時系列に沿ったエピソードの整理が必要である。
- 乳幼児は遊びのなかで発達をするため、支援を行う際はその発達をふまえた遊びや「あやす」ことが重要である。例えば、「あやす」ことによって追視や股関節の異常などに気づくこともある。
- 乳児院においては生後5日目から入所してくる場合もあるため、医療との連携は欠かせない。また、近年では精神疾患を抱える保護者が増加しており、医療・保健分野との連携が不可欠である。乳児院は子どもの命に大きく関わる施設であるがゆえに保育士と看護師の連携はとても大切であり、保育士にも医療に関する知識が必要となってくる。保育に求められる資質の一つでもある。

✣ 演習課題 ✣

1 乳児院における入所時のアセスメントについては、どのような情報を把握することが必要でしょうか。子どもに関する情報と家庭環境の２つの視点から考えてみましょう。

2 精神疾患にはどのようなものがあるのかを調べて、その特徴や関わり方についてまとめてみましょう。

Section 2 母子生活支援施設の事例

1 支援の過程

本人等のプロフィール

- 母親（29歳）：精神的に不安定であり、服薬をしていた時期もあった。生活能力が低く、居室内は不衛生である。
- Ｂ児（10歳）：小学４年生・長男。発達障害の疑いがある。小学校では友だちとのトラブルも多く、落ち着きがない。現在服薬中。
- Ｃ児（7歳）：小学１年生・長女。就学時健診で知的に低い可能性があると判断されている（知能検査は未実施）。人懐っこいが口数は少ない。

ジェノグラムを作成してみよう

入所に至る経緯

母親は高校時代にアルバイト先で夫と知り合い、しばらくの交際後に妊娠していることがわかり結婚する。夫は結婚後に精神的に不安定になり病院へ受診することになる。その結果、うつ、社会不安障害、パニック障害の診断を受ける。夫は決まった仕事をするわけではなく、体調を見ながら派遣会社で仕事をしたり、職業訓練を受けたりしていた。しかし、精神的に不安定な症状が進み、働くことができなくなってしまった。

その後、夫が働けない状況のもとでＢ児とＣ児が生まれ、生活に困った母親は福祉事務所へ相談をした。そして、福祉事務所の担当者が状況を確認し、生活保護を受給することになった。

そのまま1年ほど生活をしてきたが、ある日自宅近くの路上で夫とトラブルになった。夫は何の理由もなく急に怒り出し、B児を路上に突き倒して殴りかかる状況であったため、母親がB児をかばうように間に入ったところ、激しく殴る蹴るの暴行を受けた。母親はこのままではいけないと思い、近くの警察署へ子どもを連れて逃げ込んだ。生活保護を受給していたこともあり、福祉事務所の担当者もケースを把握していたため、迅速に対応をしてもらうことができ、緊急一時保護を経て母子生活支援施設への入所となった（母親25歳・B児6歳・C児3歳）。

離婚に至るまで

入所後、保育士はすぐに子どもたちの保育所への入所手続きを進めた。母親は求職活動を行いつつ弁護士と契約をし、調停を行い離婚に向けて動くこととなった。夫は子どもの親権などを主張することはなかったが、離婚ということのみにこだわり、なかなか同意しなかった。

その後、何度も調停を繰り返したが、夫は精神的な不調や病院への通院などを理由に裁判所へ出向かないことなどがあり、離婚が成立するまで約3年にわたった。慰謝料や養育費は夫に支払い能力がないことや、夫といつまでも連絡を取る関係を続けることが精神的な負担になることが明らかであったため、請求することは取りやめることとした。

夫は離婚成立後に弁護士を通じて手紙を送付してくることがあったが、その内容は嫌がらせや脅迫に近いものであったため、母親はその手紙を読んで精神的に不安定になるなど落ち着かない状況が1年ほど続いた。当初母親は手紙を書かないでほしいと返信していたが、その度に夫からの手紙の内容がエスカレートしていったため、弁護士と相談をして返信をやめることにした。返信をやめたことで夫からの手紙も徐々に少なくなり、その後は手紙が送られなくなった。現在では、夫からの動きはなく平穏な生活をすることができている。

入所後の母親の生活

施設に入所してからの母親の生活は、当初は夫との離婚調停などもあり、落ち着かない状況であった。就労しても短期間で辞めてしまうなど、母親自身が不安定な状況であった。母子支援員[*3]は、一過性の心身の疲れだと判断をして心療内科への受診を勧めた。その結果、精神安定剤の処方を受ける

＊3　**母子支援員**
主に母親の法的課題および母親の個々の課題に関わる職員です。

こととなったが、生活が安定してくると自分の意思で勝手に服薬をやめてしまった。

母親の生活を細かく見て支援を行っていくなかで、母子支援員は、母親の状態を捉えて喫緊の課題（離婚の成立・母親自身の精神的な安定）の解決に向けた支援計画の作成を行っていった。

母親は理想を高く持つが、それを行動に移すことが難しい状態であり、仕事や生活のなかでもそういった状況が散見された。仕事では、就労先は決まるが自分の能力以上の仕事を引き受けることが多く、すぐに行き詰まり退職することが続いた。生活面では、掃除が苦手であり、物を捨てられないことが多く見られた。食品なども買ってきたまま放置することもあり、腐ってしまうこともあった。居室内は物が散乱して足の踏み場もなく異臭を放っていたため、隣の居室の利用者からも苦情が出るほどの状態であった。母子支援員は、母親の同意を得て一緒に居室を掃除することもあったが、きれいな居室の状態を保つことは難しく、また元の散乱した居室になっていくことが続いている。母親自身も居室が汚いことは自覚をしているが、それを自分で掃除をしてきれいな状況にすることには至っていない。

母親は２つのことを同時に行うことが難しく、仕事と家事の両立は困難であった。就労先から疲れて帰ってきたあと、子どもたちの夕食や翌日の準備などを後回しにして自分一人で寝てしまうこともあった。また、夕食の献立や買い物などの段取りが悪く、夕食が夜の９時くらいになってしまうなど、生活のリズムがまったく整っていない。さらに、母親は携帯ゲームに依存して夜中までゲームを楽しむ生活をしているが、子どもたちが同じように深夜までゲームをしていても寝かそうという気持ちはなく、そのまま遊ばせてしまうことが多い。その結果、母親自身も朝起きる時間が遅くなり、子どもたちの登校準備などができないことが続いている。毎朝、早番シフトの出勤職員が介入して母親を起こし、子どもたちを登校させることができるように支援しているが、母親はその職員の介入をうっとうしく感じていることもあるようで、終始機嫌が悪いことも多く見られる。

このように、母親に対する支援は生活全般に及んでいるにも関わらず、母親自身が支援を受け入れる気持ちがないため、各職員の介入が非常に難しい状態が続いている。入所期間が長くなってきており、自立も考えなければならないが、先が見えないのが現状である。

B児の状況

Ｂ児は、生活リズムが乱れており、夏休みなどの長期休暇中は昼夜逆転の生活をしていることが多く見られる。Ｂ児の様子を見ていくと、とにかく睡

＊４　**少年指導員**
子どもの発達や母親との関係性および子どもの健全育成に関わる職員です。

眠を多く取らないと体調に影響が出ることがわかった。また、入浴などの基本的な生活習慣もできておらず、少年指導員＊4が入浴させることもあった。爪を切るなど、具体的な例を挙げながら、自分のこととして生活ができていくよう少年指導員が支援している。

Ｂ児はゲームが好きで、１日中でもゲームをして過ごすことができる。性格的には人懐っこく１対１で関わると穏やかに過ごすことができるが、集団に入るとほかの子どもにペースを乱されるためか落ち着かなくなる。気分を害すると、その後の修正が難しく、話が耳に入らなくなるなど影響が長引くことが多い。

Ｂ児は入所当初より保育所へ入ることができた。行動が激しく落ち着きがないこと、保育所でほかの子どもとトラブルになることを保育所の担任から指摘を受けるが、父親からの虐待の影響なども考慮しながら様子を見ていった。

その後、小学校へ入学すると、登校してから教室には入れず、午前中のすべてを運動場や砂場で過ごすことが続いたり、大好きな本を見つけるまで図書室に居続けるなど、集団生活ができないことがわかった。こうしたときに小学校から母親へ連絡が入るが、母親は仕事で対応できないことが多く、結果として少年指導員が学校へ出向き対応することが続いた。少年指導員は母親に対して、このままの状況では小学校での学習が難しいことを伝え、Ｂ児の医療機関への受診を提案するが、母親は子どもへの診断が付くことを嫌がり、受診を拒否し続けた。その後もＢ児の行動は治まることがなく、教室に入れない状態が続いたため、小学校からも母親に対して医療機関への受診を打診した。結果的に母親・小学校・施設の３者でケース会議を行い、その場で医療機関への受診について母親が同意することになった。

医療機関へは施設の少年指導員も同行した。母親の強い意思で診断名は付かなかった（カルテ上には診断名あり）が、薬の処方を受けた。服薬の管理は母親が行っていたが、Ｂ児の行動が一向に変化しないことを受けて確認を行ったところ、服薬させていないことがわかった。そのため、各職員は母親とＢ児のために何が一番大切かを母親とよく話し合い、服薬の管理を施設で行うこととした。安定的に服薬を行うことで、小学校でのＢ児の行動は少しずつ落ち着いていった。

その後、教室で授業も受けられるようになり、安定していくかと思われたが、Ｂ児の成長に伴い薬量の調整が必要となってきた時期に、小学校内で暴れてガラスを割ったり器具を破損させたりすることが続いた。その度に少年指導員は小学校へ出向き対応を行ったが、このことで、通常学級での対応は難しいと小学校から判断されることとなった。母親としては通常学級での授業を受けさせたいという思いはあるが、特別支援学級での授業を考えていくことで現在調整中である。

少年指導員も、施設での様子やＢ児の気持ちを代弁するなど小学校とも連携しており、今後もＢ児にとってより良い環境をつくることができるように支援を行っていく。

Ｃ児の状況

保育所入所時から口数が少なく、あまり目立たない状況であった。生活面では髪が絡まっていたり体臭がすることもあったため、保育士が入浴させることもあった。また､就学時健診で知的に低い可能性があると指摘を受けた。

Ｃ児は誰とでも仲良くしたいという気持ちがあり、Ｃ児なりにアプローチをかけるが、関わり方がしつこく嫌がられてしまうこともあった。学習面では、ひらがなを習得することはできたが数の概念がなく、１～10までを口で言うことはできるが、物を数えることができない。

Ｃ児に対して母親は問題意識が高く、特別支援学級への編入を小学校へ申し出ている。少年指導員もＣ児の学習サポートを行うなど、課題の改善に向けた支援を行っている。母親ともしっかりと相談しながらＣ児のできることを少しでも増やしていけるよう、今後も支援を継続していく予定である。

自立に向けて

現在、主たる課題であった夫との離婚は成立しており、母子の自立に向けた取り組みをしていく段階である。生活基盤の立て直し､母子関係の再構築、Ｂ児・Ｃ児の今後の生活をどのように支援していくのかなど、取りかからなければならない課題はいまだ山積している状況である。

現在のところ、母親の就労は継続できており自己収入での生活は成り立っている。児童扶養手当等の手当を貯蓄していくなど、経済的な自立には近づいているが、大きな課題としては、子どもたちの発達に関する状況が落ち着くこと、基本的な生活習慣や生活リズムの調整を行うことが必要である。

2　支援の視点

- 母親、子どものどちらにも支援のアプローチが必要である状況において、医療への受診などの支援を行った点は効果的であった。
- 母親への支援のみ、子どもへの支援のみという切り口では家族としての問題解決に至らない。母親、子どもに今何が必要なのかを冷静に考えて支援計画を作成し、実行していくことが必要である。

- 小学校などの外部機関と連携を取っていくことで、母親も含めて子どもたちの状況にどのように対応していけば良いかを明確化することができ、継続した取り組みを行うことにつながっている。

演習課題

3 自立に向けた母親への支援を、具体的にどのように展開していくことが必要か考えてみましょう。

4 子どもたちに向けた支援を、母親を含めてどのように行うことが可能か考えてみましょう。

Section 3 児童養護施設の事例

1 支援の過程

本人等のプロフィール

- D児（8歳）：小学２年生・男児。一人で過ごす時間を好み、他児とは積極的に関わるタイプではない。発達の遅れはないが、自己肯定感は低い。
- 父親（38歳）：頑固な性格。高校中退後、土木関係の職を転々としており経済的に不安定である。対人関係や親類関係の付き合いは上手ではなく、自身の父母とは縁が切れている状況。
- 実母（27歳）：実母に関する情報は少ない。母親からは厳しく育てられていたようである。19歳でD児を出産した。

ジェノグラムを作成してみよう

D児が入所に至った経緯

D児が５歳のときに実母がうつ病を患った。また同時期に保育園から「食事を食べさせていないのでは」「身体にあざがある」と児童相談所（以下「児相」）

へ虐待を疑う相談があり、一時保護された。その後、児相が継続的に関わっていたが、実母がD児を自宅に残したまま行方不明（のちに離婚する）となってしまった。また、父親からは仕事のためD児を養育できないと児相に相談があり、D児が小学２年生のときに児童養護施設に入所となった。

D児の家庭関係の状況

父親の話では、実母はもともと不安定な精神状態を抱えていたようである。D児に対してしつけということで手をあげることもしばしばあり、実母の前でD児はいつも緊張している様子があったとのこと。また、実母は幼少期のころから母親に厳しく育てられたようで、大人になっても親子の確執があり、連絡を取り合うことはなく、子育てなどについて相談できる存在ではなかった。

父親は土木関係の仕事をしているが、仕事がないときもあり、経済的に不安定な状況であった。父方の祖父母は遠方に住んでおり、祖父は病気のために入院中である。父親は祖父母と関係を持ちたくないという気持ちがあり、D児に関して協力を求める関係性ではない。

D児の施設入所後の様子

D児にとって施設での新しい暮らしは、これまでの生活と大きく環境が変わり、緊張と不安を抱えた日々となったため、入所直後は担当職員（保育士）のそばを離れることはなかった。しかし、D児の様子を見ていた周りの子どもたちから、「一緒に遊ぼうよ」「こっちだよ」と優しく声をかけられ、徐々に他児と関わり合うなかで、D児の表情にも笑顔が見られるようになっていった。また、自分の居室でも好きな読書をしながら過ごしたり、園庭で元気に遊べるようにもなっていった。さらに、担当職員からの生活上の促しも素直に聞くことができ、安心して施設生活を送っているようだった。入所前は休みがちであった学校も、休みなく登校するようになった。

しかし、施設での新しい生活も１か月ほど経ち、徐々に慣れ始めたと思われるころから、次第にD児の様子に変化が見られるようになった。些細なことで他児とトラブルになることが増え、しばしば手をあげてしまうこともあり、「あいつが悪いんだ！　ぼくは絶対悪くない！」と頑固な態度を取ったり、担当職員に対して無理難題を求め、その意にそぐわないと「お前なんかいなくなれ！　しねー」と大声で泣き叫ぶなど、乱暴な言動が見られるようになった。

こうした言動は、「本当にここは安心できるんだろうか」「この養育者はたたいたりしないのか」といったことを試しているような言動（試し行動）であると考えられたため、担当職員は、まずはD児の気持ちをしっかりと受け止めつつ、「こういうことが言いたかったんだよね」「すごく嫌な気持ちになったんだね」とD児の気持ちを聞きながら、丁寧なやり取りを大切に関わっていくことにした。そして、こうした関わりを続けていくなかで担当職員に対する過度な甘えはなくなり、他児とのトラブルも減り、D児は次第に落ち着いた生活が送れるようになっていった。

一方で、就寝時には「お父さんに会いたい」「ぼくはいつまでここにいるの？」と涙を流す姿が見られた。そのため、入所後半年を過ぎたころから、父親との面会・外出・外泊へと交流が図られるようになった。家庭との調整については、まずは父親の生活や仕事が安定するようにと考えていたが、家庭引き取りなどの見通しが立てられない状況でもあった。

D児のさまざまな問題行動

その後、施設の状況としては、新しい入所児童が増え、以前より中高生の多い児童構成となっていった。そのようななかで、D児が４年生になったころから、生活内のトラブルや学校での不適応など、さまざまな問題行動が顕著にみられるようになっていった。

施設での生活においては、基本的な流れに沿った生活ができなくなり、就寝時間を過ぎても騒がしく過ごしたり、D児より年下の子どもたちに対しては威圧的な態度を取るようになっていった。担当職員から注意を受けても聞く耳を持たず、いつも険しい顔つきで反省しようとする姿勢がまったく感じられない様子であった。

また、小学校では、授業中に席を離れることや、教室を飛び出すこともたびたび起こるようになった。さらに、クラスメイトに対して暴言や手を出してしまうことも続くようになった。担任教諭からは「指導に従わず、注意すると乱暴になり、物を投げつけたりする行動がある」「他人に責任を押し付け、自分は悪くないと反省する姿勢がない」「授業が中断してしまう。どのように対応したら良いのか」と日々施設に連絡が入る状況であった。

施設での問題行動や小学校での不適応行動などさまざまなことが起こり、担当職員もD児が起こす問題に対する事後的な対応に振り回され、D児を取り巻く全体像が把握できず、それらの行動上の理解や対応に難しさを感じるようになっていった。そこで、D児の現状に関するさまざまな情報をアセスメント（課題分析）し、今後の支援目標や具体的な支援内容・方法に役立てるために関係者が集まり、ケース会議を実施することになった。

ケース会議を通じたアセスメント（課題分析）と支援目標の検討

ケース会議の参加者は、担当職員をはじめ児童指導員[*5]、家庭支援専門相談員（ファミリーソーシャルワーカー）[*6]、心理療法担当職員[*7]、個別対応職員[*8]などの専門職種、またD児の担任教諭、児相（担当ケースワーカー）であった。そして、担当職員からD児の行動上の課題面を中心に報告がされ、全体共有を図った。関係者からは次のような意見があがった。

- 家庭支援専門相談員からは、「父親は行事などへの参加を希望しているが、当日急に参加しないことがある。D児から『どうせ来ないでしょ』といった言葉を聞くもあり、父親に対する期待とあきらめの葛藤があるように感じる。また、D児が自宅へ外泊後、『女の人と子どもがいたよ』と話したことから、お付き合いをしている女性がいるようだが、D児は家族の現状をしっかりと理解できていないのではないか」
- プレイセラピー[*9]を行っている心理療法担当職員からは、「人に評価される、もしくは試されるということに非常に敏感であり、自己評価がかなり低いため、自信を持たせてあげることが必要である。一方で甘えたいという側面も持っていると思われる」
- 個別対応職員からは、「D児と１対１で関わっているときは素直だが、ほかの子どもらが入ってくるとだんだん顔つきが険しくなり、イライラする様子が見られる」「D児は中高生にちょっかいを出されやすい子ではないか」
- 調理員からは、「調理に関心があり、上手に調理ができ、最後の片付けまでしっかりとお手伝いをしている」
- 担任教諭からは、「グループ活動ではよくトラブルになり、集団行動する場面では協調性がみられない」「忘れ物が多く、提出物はほとんど提出されない」「教科によって学習の遅れがある」
- 児相（担当ケースワーカー）からは、「父親となかなか連絡が取れない」「以前の面接時に『D児をよろしくお願いします』と言っていたが、D児を預けているという引け目などもあり、父親は児相や施設とどのような関係性で付き合っていけば良いのかわからないのかもしれない」

＊5　児童指導員
p.26 を参照のこと。

＊6　家庭支援専門相談員
p.28 を参照のこと。

＊7　心理療法担当職員
p.26 を参照のこと。

＊8　個別対応職員
p.29 を参照のこと。

＊9　プレイセラピー
セラピストが特定の時間枠のなかで、子どもが抱えている言葉にできない気持ちや葛藤を、遊びを通して理解したり回復を促したりする心理的療法のことです。

D児に対する支援目標

ケース会議を通じて、さまざまな立場や角度からの意見が集まり、それらを集約するなかでD児の全体像や課題が明らかになってきた。そして、アセスメントした内容をもとに、D児に関する新たな支援計画を立てることになった。具体的には、大きく以下の３点を支援目標として掲げることとなった。

支援目標①：施設職員（主に担当職員）との関係性を重視して、D児の生活環境を整え、安心した生活ができるように支援する。
支援目標②：学校との密な情報共有を図り、D児に見合った学校生活が送れるように支援する。
支援目標③：親子関係、家庭調整をしつつ、D児自身が現状の家庭を整理して考えられ、今後の見通しが持てるように支援する。

「支援目標①」に関する具体的な支援内容・方法

「支援目標①」に関する具体的な支援内容・方法としては、D児との関係性構築のため、行動上の課題に目を向けて対処するばかりでなく、その背景や理由、D児の気持ちに耳を傾け、D児が求めるニーズをつかみながら支援するよう心がけた。また、職員集団として支援を進めていくために、支援目標と具体的な支援内容・方法を共有しながら職員間の役割を明確にし、D児に対する養育態勢を整えることにした。

そのような支援を進めていくなかで、D児の見せる落ち着きのなさやさまざまなトラブルとなって表出する行動上の課題の背景には、中高生によるD児に対するちょっかいや、D児の居室へ勝手に入っている状況などがあり、それらがD児の情緒面を不安定にさせる要因になっているのではないかと考えられたため、まずは中高生に対してD児の性格特性を個別に説明していき、理解を求めるような働きかけをしつつ、他児の居室へは許可なく入らないという施設の約束事を全体の場で再確認することにした。その後、D児を取り巻く子ども集団の関係性は少しずつ変わっていったが、日々の変化を記録化し、職員集団で引き継ぎを行いながらD児を支援する態勢を取っていった。

また、D児の居室は３人部屋で、自身の衣類や学用品などを置くスペースが明確にされていなかったり、古くなっていた本棚が破損していたりと環境整備が不十分な状況があった。自分が大切にされていると感じられにくいこうした環境もD児を不安定にさせている要因ではないかと考えられたため、D児が気持ちよく暮らせる生活環境を整備するようにしていった。そのなかで、以前に「ぼくは部屋で静かに本を読みたい」との意向を担当職員はD児から聞いていたため、D児の気持ちを汲み取りながら片付けや模様替えをしたり、必要な本棚をD児と一緒につくった。

その際、担当職員は自ら本棚をつくり理想の部屋を実現するという機会と自分の場所や物という感覚をD児が持てるように配慮しつつ環境整備に取り組んだ。そして、同じ目標や共有体験を重ねていくプロセスのなかで、D児から「この前さ、〇〇ちゃんが悪口言ってきて嫌だったんだよね」「あのね、勉強はさー、本当は難しくてよくわからないんだ」など、施設や学校での困りごとを何げなく話し出すようになっていった。

　また、他児の誕生日会では、食事づくりのお手伝いに積極的に関わり、他児から「おいしかったよ」「ありがとね」と褒められ感謝され、得意げにする姿があった。

「支援目標②」に関する具体的な支援内容・方法

「支援目標②」に関する具体的な支援内容・方法として、まず学校との話し合いの場を設けることにした。担任教諭だけでなく教務主任も入り、D児の特徴や施設内の様子、現在の支援状況を伝え、意見交換と情報共有を図ることにした。学校側として人の手当てが十分にできない状況もあったが、D児の学習の遅れや情緒的不安定さを考慮して、特定の教科は個別に学習指導することで合意を図った。

　また、担任教諭とは、特に密な情報の共有が必要であったため、連絡帳をもとに学校から配られた配布物や宿題の有無、その日その日の学校でのD児の様子を教えてもらいつつ、施設側も下校後のD児の様子を連絡帳に記して明日の学校生活へつなげられるようにし、細かな漏れや見落としがないよう情報交換を行った。そして、このような連携を進めていくなかで、結果的に学校の状況や施設の状況など、双方の理解が図られるようになっていった。

「支援目標③」に関する具体的な支援内容・方法

「支援目標③」に関する具体的な支援内容・方法としては、特に家庭支援専門相談員と担当職員を中心に取り組んだ。

　課題としてあがっていた父親の行事などへの突然の不参加については、「急な不参加によってD児の気持ちに揺れが生じ、生活上に不安定さをみせている」ことなどを家庭支援専門相談員が父親に伝え、理解してもらうことにした。

　また、現在の父親の気持ちやお付き合いをしている女性とその子どもについては、どのような存在なのか、今後についてどのように考えているのかなどを父親から率直に話してもらう機会を設けることになった。その後、父親から「今、お付き合いしている方がいて、みんなで仲良くしていきたい。来年にはD児を引き取って一緒に暮らしたい」との気持ちが話され、D児も理解した様子があった。しかし、その後の家族の状況は継続して見守っていく必要があるため、家庭支援専門相談員は「家庭で何か変化などあればお知らせください。こちら側もD君の生活の様子などをお伝えしていきますので、お父さんとともにD君を養育していきましょう」と確認した。

2 支援の視点

- D児がそうであったように、施設入所後しばらくたった子どもには、様子見の段階から徐々にありのままの姿を出し、自分を受け止めてくれるだろうかと養育者を試すような言動（試し行動）が見られることがある。特に被虐待児は、密接に関係をつくろうとする担当職員に対して挑発的な言動を繰り返し、相手の怒りや暴力的行為を引き出そうとする虐待的人間関係の再現によって関わろうとする傾向があるが、まずは子どものありのままの姿を受け止めていくことが必要である。
- 不適切な養育環境から子どもの安心・安全を守るために子どもたちはD児のように施設入所することになるが、子どもにとっては「見捨てられたという思い」を感じている場合が少なくないため、自分が大切にされていると感じ取れるような環境整備を子どもの意見を取り入れながら進めていくことが大切である。
- 子どもの課題や問題性は、徐々に形を変え、問題が大きく複雑化しかねない。そのため、二次的な問題へと発展する前に早めにケース会議などを行い、職員集団で対応することが必要である。
- 子どもの問題行動が頻繁に表出しはじめたとき、その場その場の対応になりがちであるが、施設職員らが「支援目標①」に関する支援方法として行ったように、その一つひとつに対応するなかで、「なぜ？」という観点で子どもが表出する行動の背景や理由について仮説を立てて考えていくことが大切である。
- 生活のなかで子どもはさまざまな変化を見せるが、その変化は記録化する必要性の高い内容となる。D児における支援の過程でもそうであったが、その記録が職員集団内で引き継ぎされ、共有し理解されるなかで支援がより前進していく。
- 施設職員は、日々の生活のなかで発せられる子どもの言葉を聞き、その声がどのような意味を持っているのか考えを深めることが大切である。また、何かとつながっている場合も少なくないため、子どもの声を聞き落とさないようにしていかなければならない。本事例においては、D児が「ぼくは部屋で静かに本を読みたい」と声にしたことをもとに、「生活のなかでプライバシーが守られていないのではないか」「居室へ許可なく入る中高生のことを批判する言葉こそあがっていないが、D児の困りごとではないか」

と考えてみることが重要である。

- 小学校などの他機関との連携は、そもそも置かれている立場や役割が異なっていることが前提としてあるため、ともに理解する姿勢を持つことが大切である。また、大人同士のコミュニケーションレベルによって支援内容に幅が出る可能性があることを理解しておかなければならない。
- ファミリーソーシャルワークでは、保護者は子どもを預けているという引け目や不甲斐なさを感じていることが少なくないため、施設職員はざっくばらんに話し合える関係性の構築と、ともに子どもを育てていく「共同子育て」という姿勢を持つことが大切である。

演習課題

5　本事例における具体的な自立支援計画を作成してみましょう。

6　子どもの問題行動などに直面している職員は、その責任感からか周りからどう思われているのかを考えてしまいがちです。職員集団で養育を図るために、どのような取り組みが必要でしょうか。

Section 4　地域小規模児童養護施設の事例

1　支援の過程

本人等のプロフィール

- E児（15歳）：中学３年生・女児。
- F児（8歳）：小学２年生・女児。異父妹。
- 母親（46歳）：E児の実父とはE児が５歳のときに離婚。その後、再婚しF児が生まれる。継父がE児に虐待をしていることはわかっていたが止められなかった。そのことに大きな罪悪感がある。
- 継父（40歳）：実子であるF児が生まれた後、E児に対してだけ暴力を振るうようになった。

ジェノグラムを作成してみよう

E児が入所に至った経緯

E児の実父は暴力的で、母親はDVを受けていた。その後、E児に対しての暴力に発展したため、母親は婦人相談所に相談し、E児が5歳のときに母子生活支援施設で生活することになった。その後、離婚が成立したが、すぐに別の男性（継父）と再婚した。継父は当初E児に対して優しかったが、異父妹であるF児が生まれるとE児に対して冷たい態度を取るようになった。E児が中学生になってからは、継父に対しての拒否感が強くなり、そうした態度が気に入らないなどの理由でE児に暴力を振るうようになった。

また、E児は学校で下級生に嫌がらせをしてしまい、それがもとで友人関係にトラブルが生じ、中学3年生になってからは学校に行けなくなってしまった。その後、E児の様子を確認するために家庭訪問をした担任がE児の腕にあざがあるのを見つけた。本人に確認したところ、継父から暴力を振るわれていることがわかったため、担任は児童相談所に通告した。そして、児童相談所の児童福祉司[*10]が家庭訪問したが継父が留守だったため、母親と本人から事情を聞いた。

*10 **児童福祉司**
p.24を参照のこと。

母親は継父からE児への暴力があることを認めたが、継父への確認はしないでほしいと強く申し出た。結局、継父からの確認は取れなかったが、E児は一時保護となった。そして、家庭生活が長いことから、家庭的な養育が期待できる、地域小規模児童養護施設のZ施設に措置となった。

E児の性格・行動

E児は被虐待児（身体的および心理的虐待）で、幼少時には母親が実父からDVを受けるのを見ている。さらに守ってほしい存在である母親に守られなかったことに落胆している。継父からも身体的・心理的虐待を受けていて、同じ家にいながらF児とは差別されているので自己評価はとても低くなっている。そのような成育歴から自分より弱い人には暴言や暴力を振るったり、自分より強い人には従順になってしまう性格になった。

学習や部活動に対してはやる気が見られず、学力は低い。部活動はバスケットボール部に所属したが、1年生の後半から行かなくなってしまった。また、自分の思い通りにならないと反抗的な態度を取ったり、物を壊したりして暴れることがあった。

家族との関わりでは、F児のことはかわいがっている。母親には遠慮していてあまり自分の思っていることを言えず、継父に対しては怖さから拒否している状態である。

入所に向けての準備、働きかけ

入所前に一時保護所でＺ施設のケアワーカー２名がＥ児と面会した。Ｚ施設についての概要を説明し、生活の流れやルール、通う学校などについて話をした。最初は緊張していたＥ児だったが、少しずつ笑顔が見られるようになり、Ｚ施設にも興味を持ち、新しい生活に期待する様子がうかがえた。

Ｚ施設ではＥ児の入所にあたってケース会議を開き、児童相談所から得られたこれまでの成育歴などの情報を共有した。Ｚ施設にはすでに５人の入所児がいるが、Ｅ児には手厚いケアが求められるため、当面の間、夕方からＥ児の就寝時間までは２人体制で勤務することにした。また、入所している５人にも新しくＥ児が入所してくることを話した。Ｚ施設は小学生の男子３人と女子２人が入所しており、Ｅ児が入所すれば最年長児童となる。そのためＥ児が他児に対して高圧的になったり、暴力を振るったりすることが起きないように細心の注意を払うことを職員間で話し合った。

短期的な目標としては、Ｅ児が暴力や暴言のない安定した生活環境のなかで、少しずつ自分の感情をコントロールしていけるように支援していくこと、Ｅ児と信頼関係を構築していくために職員が会話の時間を取ることなどがあげられた。中期的な目標では、高校進学をどうしていくのか、長期的な目標では、将来どんな職業に就きたいのかなどの検討もしていかなければならないが、一方で家族との関係も重要な支援項目になってくる。家族との関係に関しては、Ｅ児の考えを十分に聞きながら丁寧に支援計画を立てていくことにした。

入所後の支援

Ｚ施設ではホーム長と２人のケアワーカーが主に生活支援を行っているが、３人だけでは勤務が回らないため、本体施設から当直勤務のサポートを受けている。入所当日はＥ児、母親、Ｆ児の３人でＺ施設に来所し、Ｅ児は一時保護所で会っている職員を見つけると笑顔で駆け寄った。母親は礼儀正しく挨拶し、Ｆ児を隣に座らせて入所の手続きを行った。Ｅ児は自分の部屋の場所を聞いて早速荷物を運んだ。Ｆ児はＥ児とお別れするのが嫌だと泣いていたが、それをＥ児は「大丈夫だよ」と言って慰めていた。

その後、ホーム長はＥ児とＦ児を別室に移動させ、母親と今後について話をした。母親は罪悪感からなのか、謝罪の言葉しか出なかった。ホーム長がその謝罪をＥ児にしたことはあるか聞くと、少し黙り、「ない」と答えた。また、継父について尋ねると、本当は優しい人でＥ児にも愛情はあるのだと話していた。このことに関してホーム長は否定することなく話を進めた。ホーム長からＥ児の生活安定のため、Ｅ児からの求めがなければ、当面の間は面会や外泊はしないということを話し、母親に了解してもらった。ただし、E児の生活の様子を定期的に手紙や電話で伝えることにした。

入所してからのE児は明るく、他の子どもとも仲良くできた。学校にも休まず通うことができ、部活動も美術部に入るなど入所前の家庭での様子がうそのようだった。しかし、1か月が経とうとしているころ、変化が見られるようになった。例えば、ほかの入所児童が職員と話している姿を見るとイライラした様子で物に当たることが多くなった。また、学校からも体調不良を訴えて保健室に行くことが多くなったと連絡があった。そこでZ施設では、常駐スタッフのほかに心理担当職員も参加して入所後のケース会議を行い、対応を話し合った。

会議では、入所当初E児は他児と仲良くしたり、学校に通うなど、今までしてこなかったことを無理して行っていたため、その無理が続かなくなってきた結果ではないかと推測した。そして、E児とも個別に話し合おうと思っていた矢先に、E児は同じ部屋の女子小学生に暴力を振るってしまった。興奮してZ施設を飛び出してしまったE児を追いかけて落ち着かせ、帰る途中でE児から話を聞いた。するとE児は、Z施設や学校での不満、これまでの家での生活の不満などを話した。そこで、これまで聞いた不満を一つずつ整理してE児と確認した。

E児は自分も話したいことがたくさんあるのに、自分より小さい子が職員を独占している姿を見るとイライラしてしまうこと、学校では頑張ろうとしているが前日の疲れがとれず、朝からやる気が起きなくて保健室に行ってしまうことを話してくれた。これを受けてZ施設では、E児の就寝前の1時間程度をスペシャルタイムと位置付け、E児が職員を独占できる時間を取ることにした。学校にも現状を伝えるとすぐに話し合いの場を持ってくれた。また、児童相談所の児童福祉司にも連絡して情報共有を図った。

この取り組みを始めてからE児は施設内でイライラすることがなくなった。自分が職員と話す時間が約束されているので我慢ができるようになったようだった。また、学校でも体調不良を訴えることはほとんどなくなった。就寝前のスペシャルタイムでは学校での出来事だけではなく、家での生活のことも聞くことができた。実父や継父については嫌悪感、拒否感が強くあるためあまり話題に出なかったが、母親に対しては異常に持ち上げて話すことが多く、遠慮して気を遣っていることがわかった。F児については、「Z施設に来ればいいのに」と一緒に暮らしたい気持ちを話した。スペシャルタイムでは、E児と今後の進路についても話し合った。高校進学はZ施設からしたいということ、母親やF児とは良好な関係を築いていきたいと話があったため、それをもとに支援計画を立てた。

家族との関係回復に向けた支援

Ｅ児の入所以来、Ｚ施設では母親と手紙のやり取りをし、Ｅ児の成長についてできるだけ良い点をまとめて報告していた。これは母親のＥ児に対するネガティブな感情を軽減するためで、Ｅ児の良いところに着目してもらいたいという意図があった。そして、Ｅ児本人にも母親やＦ児に手紙を出してはどうかと提案した。最初は嫌がっていたＥ児だったが、そのうちに書きたいと言ってきたため、職員から母親に手紙を出し、継父に読まれないように配慮してもらうことになった。Ｅ児はＺ施設での生活や学校でのことを手紙に書いた。母親からはすぐに返事が来て、それから頻繁に手紙のやり取りが始まった。Ｆ児からもかわいいシールが貼ってある手紙が来て喜んでいた。

手紙のやり取りから１か月ほど経ったころ､母親から面会の要請があった。Ｅ児に確認したところ、Ｚ施設で母親とＦ児だけという条件ならば良いとのことであったため、面会をすることになった。面会の場では、最初に母親からＥ児にこれまでのことを謝罪する場面があり、Ｅ児は今までに見たことがないくらい泣きじゃくった。その場に居合わせたホーム長や職員は、ここからが家族支援の始まりだと強く感じた。

一方で、母親は継父とＥ児の関係も修復したいという思いがあったが、職員はＥ児の継父に対する拒否感が強く､すぐには始められないことを伝えた。後日、Ｚ施設のホーム長が継父と面会し現在のＥ児の状況を伝えた。継父は一見暴力を振るうようには見えず、大人しそうな外見だった。いろいろと話しているうちに、暴力を振るうようになった原因について話し始めた。それは生まれたばかりのＦ児に対してＥ児が暴力を振るったことがきっかけだった。最初はＥ児に「そういうことをしてはいけない」と話をしたが止めないので、ついたたいてしまったとのことだった。

ホーム長はＥ児が同じ部屋の女児に暴力を振るってしまったことを思い出し、それは継父を取られたくなかったからではないかと話した。それを聞いて継父はただただ泣いていた。本当は愛情をかけたかったが、一度暴力振るってしまってからは拒否され、それがまた反抗的な態度に映り、暴力や暴言を繰り返してしまったと話していた。そこでホーム長は、手紙であれば素直な気持ちを伝えることができ、また、Ｅ児が読む気になるまでは職員が預かることができるのではないかと考え、父親にその思いを手紙に書いてみてはどうかと提案した。父親は「頑張って書いてみます」と言って、少し笑顔を見せた。

高校進学に向けた支援

Ｅ児は学習に対して意欲が低く、不登校だったことも影響して５教科で

150点ほどしか取れていない現状だった。学習を促してもなかなか取り組まず、イライラが始まり物に当たったり、途中で投げ出したりしてしまうことが多かった。そこでZ施設では、E児の動機づけを優先する取り組みを行った。E児に将来どのような職業に就きたいのか、そのためにどのような学校に行けば良いのかを考えてもらい、そうすることで学習に対する意欲が高まるのではないかと考えた。

また、スペシャルタイムのなかで、世の中にはさまざまな職業があることをE児に紹介したり、職業紹介のサイトを一緒に見たり、職員のアルバイト経験などを話しながら職業について考える時間を増やした。すると、E児はデザイン系の仕事に興味があることがわかった。もともと絵を描くのが好きで、趣味で手芸をやっていた時期もあったそうだ。

そこでZ施設では、夏休みを使ってデザイン系の専門学校見学や職場体験を独自に計画し、E児に提案した。E児は旅行みたいだと喜んで参加した。特に職場体験では、実際に服をデザインしてTシャツにプリントするなどの作業を体験することで、こういう仕事に就きたいと強く思ったようだった。その後、E児と話し合い、第一志望の高校を考えた。学力的には届いていないが、近隣の普通科高校に行きたいとE児は自分で決めることができた。

施設入所児童の場合、中学生の塾費用は援助（国や自治体が全額負担）されるため、費用は高いがE児の性格などを考慮して、個別学習型の塾を利用することになった。また、スペシャルタイムとは別に家庭学習の時間を設けたことで、E児にとっては大人を独占できる時間が増え、それも学習意欲向上につながった。

関係機関、他職種との連携

E児の事案はとても難しいケースで、Z施設だけで抱え込むのは適切ではない。児童相談所、学校、病院、本体施設、地域と連携していくのが望ましい。また、社会福祉士、保育士、児童指導員、心理担当職員、児童福祉司、教員などの他職種との連携も求められる。

児童相談所の児童福祉司には、Z施設からE児の情報をこまめに連絡した。すると、E児がイライラすることが多いのであれば児童相談所の心理的ケアを活用してみてはどうかと助言をもらった。また、学校ではE児の保健室登校が増えた際に話し合いを持った。Z施設からはホーム長とケアワーカーが、学校側からは教頭、担任、養護教諭、スクールカウンセラーが同席した。そして、学校での様子とZ施設での様子が違うことがあるので、Z施設と担任で毎日電話連絡することが決まった。さらに、養護教諭がE児から聞いた話の記録を見せてもらうことができた。

こうしたことでE児を多角的に捉えることができた。医療との連携も視野に入れたが、E児が以前、継父から「お前は頭がおかしいんだから病院に行け」と言われたことがあり、医療機関への受診を安易に進められない状況だったため、見送ることにした。スクールカウンセラーからは一番落ち着いている時間帯を聞かれ、就寝前が落ち着いているように見えるというZ施設からの意見を受けて、職員を独占できるスペシャルタイムを提案してもらった。

地域小規模児童養護施設の職員体制は最小限で行っており、担当職員の負担が大きくなる。これはバーンアウトにもつながりやすいため、Z施設では本体施設から当直勤務や日勤などの援助を受け、職員が２人以上同時に勤務する機会を増やしてOJT[*11]ができる状況にした。このことで職員に余裕が生まれ、バーンアウトせずに乗り切ることができるようになった。

そのほか、地域との関係も重要である。E児は大声を出したり、物に当たったりすることがあるため、Z施設がある住宅密集地では近所迷惑になってしまう。E児が女子児童に暴力を振るって飛び出して行ったときには、近所の人たちが何事かと出てきてしまった。そこで、Z施設では地区の常会や清掃作業に積極的に参加し、交流を増やしていった。顔を合わせながら会話することで近隣住民にも理解が生まれ、職員を労ってくれるようになった。こうして多くの関係機関、他職種が連携することでチームとしての養育が実現するのである。

＊11　**OJT**
On-the-Job Trainingの略称で、日々の業務を通じて、先輩や上司が新人職員に対して業務上必要な知識や技能を身に付けさせていく教育・訓練法のことをいいます。

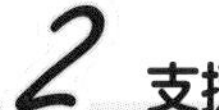 支援の視点

- 本事例は、家庭生活が長かったE児の施設入所に関わる事例である。家庭生活が長かった分、家庭的環境とかけ離れた施設養育では順応できなかったかもしれない。地域小規模型施設という環境的には家庭と変わらない施設に入所できたことで、E児が抱える課題解決に専念することができている。
- 子どもが施設に入所する前の段階で、しっかりとアセスメントすることが重要である。情報を共有し、職員が養育方針をしっかり統一して関わっていくことが、大切な準備となる。
- 子どもの意見や自己決定をどんなときでも尊重することが重要である。子どもの知らないところで勝手に大人が物事を決めては、そもそも動機がない子どもはやる気を起こさなくなってしまう。本事例ではE児がどう思っているか、どうしたいのかを想像することでE児にとって抵抗のない提案ができている。

- 本事例では母親がキーパーソンになっており、親子分離だけでは解決できない課題を浮き彫りにしている。E児本人とは当初連絡をあまり取らないようにしたが、職員は母親にE児の様子を手紙で報告していた。E児のケアだけでなく、母親にも同時に働きかけていくことで、親子分離で心の距離まで開かないように心がけている。また、手紙の内容も事実をそのまますべて書くのではなく、E児の頑張っているところに視点を置き、母親のE児に対してのイメージが回復するように努めている。
- 父親に対しては、「虐待した親」だと決め付けることは簡単だが、それだけでは問題は解決しない。職員として決め付けではなく、しっかりと話を聞いて理解することが家族関係の丁寧な修復につながっていく。もちろんケースによっては完全な親子分離、関係の断絶が必要なこともあるが、家庭復帰への支援も施設職員の重要な仕事である。
- 施設入所児の大学・専門学校進学に関しては、給付型の奨学金等が増えており、申請すれば経済的に有利になる。ただし、これは施設職員に知識がないと申請もできず、子どもの可能性を摘み取ることになってしまう。学力向上に関しても、ただ勉強をさせていても学力は上がらない。子どもの動機づけに着目し、オープンキャンパスへの参加や職場体験を中学生のころから独自に計画して取り組んでいくことで、子どものやる気を引き出し、結果としてそれが学力向上や進学率向上につながっていく。
- 地域小規模児童養護施設の役割として、家庭的な環境のなかで安定した生活を送ることがあげられるが、小規模にしたからといって子どもは落ち着いて生活できない。むしろ、ケアニーズが高まりそれに対応できないとトラブルが続発する。本事例でも他児に嫉妬してE児がイライラしたり暴力を振るったりしたことがあった。「小規模＝楽になる」ということではなく、一人ひとりにしっかりと向き合う時間が多くなると考え、職員同士のチームとしての連携、方針作成、振り返り、見直しをしていくことが求められる。いわゆるPDCAサイクル[*12]などを活用し、取り組んでいくことが重要である。

＊12 **PDCAサイクル**
p.65を参照のこと。

演習課題

7 地域小規模児童養護施設で子どもをケアしていくことのメリット、気を付けなくてはいけないことは何かを考えてみましょう。

8 E児のような子どもが地域小規模児童養護施設のなかに複数いたとき、どのような支援が必要になるでしょうか。考えてみましょう。

Section 5　児童心理治療施設の事例

1　支援の過程

本人等のプロフィール

- G児（10歳）：小学４年生・男児。興味のあることへの知識は豊富であるが、人との関わりは苦手。
- 父親（39歳）：会社員、持病あり。家事や子育てにほとんど参加していない。
- 母親（37歳）：パート職員。精神的に不安定で、G児が入所後にうつ病の診断を受ける。
- 父方祖母（70歳）：持病と認知症の疑いあり。要介護３でヘルパーと母親が介護している。
- 犬１匹：室内犬。

ジェノグラムを作成してみよう

入所理由、入所前の様子

G児は学校でうまくいかないことがあり、小学３年時より登校しぶりが始まり、小学４年時に不登校になった。母親と意思疎通ができず、取っ組み合いのけんかをしたり、父親が母親を見下しているところを見聞きしたりしていた。父親とG児は一緒に母親の言動を否定し、嘲笑することがあったため、母親は父子の様子をうかがいながら生活していた。また、犬のしつけもされておらず、家のなかは汚物で散らかっていた。

そのような状況を心配した学校側は児童相談所に相談した。そして、学校、保健センター、民生委員・児童委員 *13、児童相談所が集まり会議が行われ、G児や家族の状況を共有し、不登校に関しては、学校の先生が家庭訪問や保健室登校の受け入れなど実施した。しかし、両親は地域の支援者（民生委員・児童委員、保健センター職員など）の訪問に対し、「大丈夫です」と支援を断っていたため、家庭訪問は困難で、家の外から状況を把握することしかできなかった。会議を重ねるなかで、G児が不登校である状況に加え、両親の養育能力の乏しさや大変さも見えてきたため、施設入所が適切であることが話された。そして、G児と両親が児童相談所の職員と児童心理治療施設を見学し、同意のもとで入所が決定された。

＊13　**民生委員・児童委員**
民生委員は、市町村の一定区域を担当し、その区域の住民の生活状態の把握、要援助者への相談・助言等を行う民間のボランティアです。都道府県知事の推薦により、厚生労働大臣が委嘱します。なお、民生委員は子どもや妊産婦の生活環境等を把握し、援助等を行う児童委員も兼ねています。

入所中―G児への支援―

G児は両親と離れて暮らすことに不安なく生活できたが、表情の乏しさが見られ、基本的な日課（食器洗い・掃除の仕方・服のたたみ方など）もやり方がわからないことが多かった。そのため、担当職員（保育士）と一緒に行い覚えるとともに、担当職員はG児にとって施設が心地良い空間であると感じられるよう配慮していった。また、担当職員と好きな本を見たり、おやつづくりをしたりするなど、G児のやりたいことを一緒に行い、まずはG児が安心して生活できるようにすることから始めていった。

さらに、施設や学校（分校）での生活を頑張り過ぎず、心や身体が疲れたときは休んでもよいことを伝え、G児が悩みを抱えたときは、担当職員だけでなく、ほかの職員（心理療法担当職員・看護師など）の話を聞いたり、G児が友だちに気持ちを伝えたいときには、自分で直接伝えるか、手紙に書くか、職員と一緒に伝えるかなど、G児の思いに添う方法をG児が自分で選べるよう選択肢を増やしていった。そうすることで、G児が相談できる人、頼れる人が増えていった。また、他児との関わりも遊びや行事などを通して増えていった。

両親との面会では当初、お互い会話は少なく、G児は犬と会えることを楽しみにしていた。そのため、両親との会話に担当職員も加わり、両親との会話を増やしていった。その後、「G児のやりたいことを見つけてほしい」「元気な顔を見ることができてうれしい」など、両親の思いを担当職員が代弁し、G児に伝えていくことを繰り返すなかで、G児に“もっと両親と楽しいことがしたい”という思いが育っていった。また、担当職員がG児から話したいことや両親へのお願いなどを伝えていく機会をつくっていった。そして、うまく伝えることができ、両親に受け止めてもらう経験を重ねていくことで、G児が話してよかったと思え、伝わることのうれしさを実感していけるようにした。

さらに、週一回のセラピーや担当職員との面談、安定した生活を通して両親の思いや自分の願いを整理していった。G児が自分の気持ちがよくわからず、言葉にできないときは、自分の思いを可視化する「三つの家」*14 や「気持ちメーター」*15 を使い、寄り添っていった。そのなかで、G児自身が入所前の母親との関係がうまくいっていなかったこと、G児が母親を「こきつかっていた」と自覚するようになっていった。そして、G児が感じている“家族の不安”のなかに２種類のけんかがあることがわかった。それはG児と母親、父親と母親のけんかで、不安の９割が父親と母親のけんかであることが話された。また、母親の病気そのものに対する疑問や不安も出てきたため、家族面談を開き、母親の状況を父親から説明してもらうことで、母親理解を

＊14　**三つの家**
ニュージーランドのニキ・ウェルド（Nicki Weld）とマギー・グリーニング（Maggie Greening）が、子どもや家族の気持ちを聞くためにつくったツールです。自身の気持ちを「安心・心配・希望」という三つの家に分け（それぞれの家のなかに自身の気持ちなどを分類していく）、そこで出された子どもと家族の強みを生かしながら、より良い方向に向かっていくために、子どもと家族と支援者で話し合っていくものです。

＊15　**気持ちメーター**
５つの感情（①うれしい・楽しい、②苦しい・悔しい、③悲しい・つらい、④イライラ、⑤頑張った）を表した表情マークに、０～10の値でその時点での自分の気持ちを数値化し、それをもとに話を広げていくツールをいいます。

行った。そうしたなかで、両親との関わりがG児にとって心地良いもの、安心できるものとなるよう、面会や帰省のサポートを繰り返していった。

面会や帰省などを通して両親との関係が落ち着いてきたころ、祖母の病状が悪化した。祖母のお見舞いに行きたいというG児の思いを両親が尊重し、両親と一緒に祖母に会いにいくことができた。その後祖母は亡くなったが、祖母の死に関わる不安と動揺に対し、祖母との思い出を話したり、手紙を書いたりなどして、担当職員と一緒に祖母との別れの作業を行い、悲しみながらも少しずつ前を向いて過ごしていった。

入所中―家族支援―

施設職員が両親と面談を行い、両親の思いを聞いていくと同時に、施設が行う親の会に参加してもらい、親同士の交流や悩みの共有を通して、両親だけで悩みを抱え込まなくてよいことを伝えていった。また、G児の変化を担当職員より伝え、離れて生活していることで見えなくなるG児の成長をつないでいった。

母親への支援として、母親は定期的な受診をしていなかったため、病院の受診を勧めたところ、うつ病の診断を受けた。父子の母親への見下した言動は、母親に対する理解不足も関係していたため、母親の思いを大事にしながら、父親と担当職員で主治医に話を聞きに行き、G児への母親の病状説明を父親からしてもらった。そして、それぞれにできることをお互いに認め合いながら家族の関わりを増やしていくことで、母親への言動も和らいでいった。

父親は親の会の参加や祖母の死をきっかけに、母親に対して労いの言葉をかけるようになった。その言葉を聞き、母親も表情を緩ませ笑顔が見られるようになった。また、G児と母親の安心した生活のために、地域のサポートを受けることが必要であることを父親が理解し、地域からサポートを受けたい旨の申し出があった。そして、母親は施設以外にも地域に相談できる場所を増やしていくことができた。

入所中―地域支援―

G児が施設入所し1か月ほど経ったころ、施設、学校（原籍校、分校）、保健センター、民生委員・児童委員、家庭児童相談室、児童相談所などの支援者が集まるネットワーク会議が行われた。G児の入所前の状況、入所後の様子を共有し、G児の「学校に行きたい」という思いや両親の「G児に元気になってほしい」などの思いをもとに今後の方針が決定された。

施設からは、G児が地域から離れても地域の子どもであること、退所後は地域に戻ることもあることを伝え、継続した関わり（分校行事への参加や施設への面会など）をお願いした。その後、定期的にネットワーク会議やケース会議を実施し、家族にとっての生活を大切にし、そのためにはどのような支援が必要になるのかなどが話し合われたのと同時に、G児や両親の変化、思いを確認していった。

ネットワーク会議のなかで地域の支援者から、“家族が支援を必要としてくれない限り支援は困難である”ことが話され、介入することに対しての戸惑いが感じられたが、父子が母親のことを理解してきていること、地域のサポートを家族が必要としていることが施設より話された。その後、地域の支援者と家族の距離が近づき、関係ができていくにしたがって、「施設→地域→自宅」と場所を変えながら、より生活に即した場で会議ができるようになっていった。

このように、家族と話し合いを繰り返していくなかで、地域の支援者同士が連絡を取り合いながら家族が地域で生活していくことを支えることができるようになった。また、地域の支援者が施設を介さずに直接両親から連絡を受けたことに対応していくことができるようになった。

退所後の生活に向けて―家族応援会議―

再び家族が地域から孤立しないこと、入所前の悲しみを繰り返さないこと、支援を受けながら地域のなかで暮らしていくために、地域に家族を見守る応援団をつくることが大切であった。そこで、G児と両親、応援団（原籍校、分校、保健センター、民生委員・児童委員、家庭児童相談室など）が一緒に話し合い、家族の生活がより良い方向に向かうための家族応援会議を行った。会議ではうまくいっていること、困っていること、これからどうなったら良いのかを全員で共有した。

顔を合わせた会議を重ねるうちに、家族から応援団に家族応援会議の招待状が届いたり、手づくりのおやつを用意し出迎えてくれたりするなど、家族が自発的に応援団と関わりを持つようになっていった。そうした姿を応援団が喜び、それが家族への寄り添いとして返され、その積み重ねが、家族・地域理解を深めていった。家族で問題が起きたときに、家族だけで抱えるのではなく、家族応援会議で話したり、応援団に連絡し助けてもらったりすることができるようになった。

そして現在、課題を解決することを目的とするのではなく、家族が一緒に揺れながら悩みながら生活していくことを目指している。

2 支援の視点

- 父子が母親の病状を理解できず、見下した関係になっていたが、施設に入所したG児のなかに“もっと両親と楽しいことがしたい”という思いが育ち、母親への疑問も語ることができるようになった。その後、父親とともに母親の病状を知ることになったが、父親から母親の状況をG児に説明したことは、父親のなかで「母親を見下していた関係」から、「母親を守る関係」へと変わることができた出来事であった。もちろん、家族への病状説明については母親の思いを確認し、どのように伝えたいかなど母親の意志を尊重することが第一である。
- G児が語ることができた“家族の不安”の大半を占めていた両親のけんかは、両親がそのことを知ることで、今後G児が怖い思いをしないようになることを考えるきっかけとなった。その反面、どのようにG児と関わっていけばよいのか両親が悩み考えていくきっかけともなった。また、G児や母親の気持ちの揺れに対し、揺れることも前を向くこともどんな姿でも受け止めていくという地域の支援者の姿勢が、家族にとって地域から受け入れられている、認めてもらえているという思いへとつながった。そうした働きかけもあり、家族の力を引き出していくことが可能となった。
- 退所後に家庭復帰する場合、地域に戻ることになる。入所後は子どもの支援が行われていくが、課題の克服には家族支援や地域支援も不可欠で、家族が地域から孤立することなく、支えられながら安全で安心な暮らしができることが大切である。この事例においては、家族が地域の支援者と直接会い、顔の見える関係を築いていくことで受け止められ認められたと感じるようになり、不安や心配事を話せるようになっていった。また、地域のさまざまな機関が連携することで、みんなで家族を見守っていくことが可能になった。

入所当初の施設からの支援は家族にとって受動的であった。しかし、さまざまな支援を通して、お互いが安心できる関係を築いていくことで、受動的だったG児や両親の言動は自発的なものへと変わっていった。その変化に地域の支援者もまた家族に対し、思いを受け止め自発的な支援に発展していくことができた。“家族と地域をつなぐ”ことは、家族が地域とともに生きていく力を育てていくことを支えるということである。

✣ 演習課題 ✣

9 G児や家族の強みは何でしょうか。
10 家族と地域をつなぐため、施設職員はどのような働きかけを行ったかまとめてみましょう。

Section 6 児童自立支援施設の事例

1 支援の過程

本人等のプロフィール

• H児（15歳）：中学３年生・男児。

母子家庭。母親、長姉（異父）、次姉（異父）、三姉（異父）、妹（異父）の６人家族。長姉と次姉の父親は同じだが、H児を含めたほかのきょうだいはみな父親が異なり、いずれも母親とは内縁関係であった。母親はうつ病を患い無職で生活保護を受給し、現在は三姉と妹と暮らしている。

ジェノグラムを作成してみよう

入所までの経緯

H児は、母親の経済的理由により出生してすぐに乳児院へ預けられ、２歳になると児童養護施設へ措置変更となった。母親はH児が小学校へ上がる前の家庭引き取りを希望したが、１か月間の帰宅訓練中にH児に対ししつけと称し浴槽に顔を浸ける、熱湯に指を入れるなどの身体的虐待を繰り返したため、施設入所が継続された。

H児が児童養護施設から児童自立支援施設Y園（以下「Y園」）へ措置変更になったのは、同じ施設に入所する４歳の女児に性加害をしたことによる。中学２年生の夏ごろからH児は女児に対して下着の中に手を入れるなどの加害行為を繰り返していたということである。

判明した当初こそH児はふてくされた態度を示したが、児童相談所の児童福祉司からの追及に事実を認めると別件も明らかにされ、同じ中学校の特別支援学級に通う一つ年下の女児を公園に呼び出し、同様の行為をしたこともあるとのことだった。ここまで話すとH児は措置変更を渋々受け入れた。

母親へは児童相談所の児童福祉司が家庭訪問をして事情を伝え、措置変更の同意を得た。また、母親からは今後H児を引き取る意思はないとの意向が示された。

H児の特徴

一時保護中に行ったウェクスラー式知能検査*16では、「境界線級から軽度の知的障害」との判定結果で、学力は低い。小柄でやせ型、色白である。陸上部に所属し長距離走を得意とし、好成績は残していないが、「走っていると嫌なことを忘れられる」「走ることは好き」だという。性格は優柔不断で、何をするにも自信がなく、自己イメージは低い。「俺はばかだから」が口癖である。周囲の状況に流されやすく、他力本願な面は大きい。一方で人懐っこく、児童養護施設でも職員からかわいがられ、H児の措置変更が決まったときには、職員がH児の自立を見届けられないことを惜しんでいた。人懐っこさの裏返しとして、寂しがり屋な面も持っている。そんなH児には調理師になる夢がある。

＊16　**ウェクスラー式知能検査**
検査者と被検者が1対1で行う標準化された知能検査の一つです。幼児用のWPPSI、児童用WISC、成人用WAISの3種類があります。

自立支援計画

ここではH児個人に対する目標を示すが、実際には、本人のみならず、家族や地域に対する目標・計画が立てられる。施設暮らしが長く、これまで家族支援は滞っていたため、今回の措置変更を機に家族関係の再構築に動き出すことになった。また、このことと関連して、乳児院から措置変更を重ねてきたH児にとって、自分の育ちを整理することの必要性が盛り込まれた。Y園入所段階での自立支援計画の概略は次の通りである。

長期目標では、①自分の存在を肯定的に捉え、自分の意思で物事の善悪を判断できる。②家族とは距離を置きながらも、一人ぼっちではない自分として家族を位置付ける。③就職し、経済的な自立をする。中期目標は、①－１自分の取りやすい行動パターン・対人関係パターンに気付く。①－２一人の時間を過ごす。②母親と面会を重ねる。③高校を卒業する。短期目標は、①自分の性加害行動と向き合う。②－１生い立ちの整理をする。②－２家族と連絡を取る。③高校へ合格する。これらの目標をもとにして日々の支援が行われる。

この自立支援計画の策定は、入所時点では児童相談所が支援方針に基づき担い、その後の定期的な見直しは施設で行う。担当職員が中心となって計画の再検討が図られることになるため、児童相談所との情報共有と連携は欠かせない。

児童自立支援施設Y園について

Y園は学齢児寮3寮（男子寮2寮、女子寮1寮、各寮の定員12人）、男子年長児寮1寮で、職員は交替制勤務である。学齢児寮には小学校高学年から中学3年生までが生活し、同一敷地内の分校へ毎日登校する。H児を担当するのは福祉職として採用され、Y園に勤めて10年になる中堅男性職員（児童自立支援専門員*17。以下「寮担当職員」）である。

男子年長児寮は、15歳から高校卒業年齢までの子どもが生活している。その内訳は、普通高校・定時制高校・通信制高校在籍、アルバイトをしている者などである。のちにH児が年長児寮へ移寮した際は、担当が30代半ばでY園3年目の男性職員（児童自立支援専門員）になった。寮内で子どもの直接処遇にあたるのは、児童自立支援専門員のほかに児童生活支援員*18もいる。

*17 **児童自立支援専門員**
児童自立支援施設において、子どもの自立支援を行う専門職をいいます。

*18 **児童生活支援員**
児童自立支援施設において、子どもの生活支援を行う専門職をいいます。

入所中の支援―学齢児寮―

H児は施設慣れしているせいか、Y園の生活への順応は早く、他児ともすぐに打ち解け、日課の流れにもスムーズに乗ることができた。しかし、一つひとつのことを覚えるのには少し時間を要した。

寮は男女別だが、分校では男女一緒のクラスであることから、分校の教員と寮職員との情報交換はこまめに行われた。「俺はばかだから」が口癖で「勉強は嫌い」と言うH児は、当初は高校進学の意思はなかったが、調理師になるなら高校進学をした方がよいとのクラス担任の助言を受け、進学希望に変わった。しかし、境界線級から軽度の知的障害レベルの知能であることや、年長児までY園での生活が続くことが明らかで、じっくり主訴に向き合う方針が立てられていたことから、H児・クラス担任・寮担当職員の三者で話し合い通信制高校を目指すことになった。

性加害を主訴とするH児には、週に1度心理面接が行われた。心理面接では、性加害行動に焦点を当てる一方で、H児の生い立ちにも話が及んだ。H児が語ることは、H児の了解のもと心理士から寮担当職員にも伝えられた。なかでもH児の調理師になる夢が、児童養護施設の調理長の影響によるものということを知った寮担当職員が、この調理長とH児の面会兼調理指導の場を設定したことは、H児のその後の生活を一変させた。さらに、「乳児院が俺を育てたの」「俺は施設で育ったんだ」などとふてくされたように言うH児について心理士は寮担当職員と話し合った。

その話し合いを受けて、具体的な生い立ちの整理に動き出すこととなり、寮担当職員はH児と乳児院へ訪問した。H児は乳児院の職員から当時のアル

バムや児童記録を見せてもらい、当時母親が頻繁に面会に来ていたことを知った。この訪問をきっかけに、H児は以前よりも自分の存在を肯定的に捉えられるようになり、同時に母親への認識も新たにしていった。

一方で、寮内にいる同学年男児は非行傾向があり、H児は次第にその男児らのまねをして、年下児童に対する言葉遣いや態度を露骨に悪くしていった。そんなH児を年下の児童は見下し、度々衝突があった。特記すべきは、非常に内気な小学6年生の男児との衝突はなく、優しく接しながらもH児の言いなりにさせようとする面が見られた点である。分校での女子児童との間では取り立てて気になる言動はなかった。

入所中の支援―年長児寮―

中学卒業後は年長児寮へ移寮し、通信制高校へ通うことになった。そのため日中は在寮していることが多く、時間とお金の管理を学ぶことや社会勉強を目的とし、食堂でのアルバイトを始めることになった。H児は調理師の夢を意識し、休むことなく通った。これにより、かかる経費を自己負担することを条件に、H児が望む携帯電話の所持も可能となった。しかし、間もなく出会い系サイトのトラブルに巻き込まれ、女性と会う約束をしてこわもての男性が待ち構えているという怖い経験をしたこともある。「先生たちが言っていたことって本当だった」と言い、H児が身をもって経験する強烈な社会勉強になった。

一方で、度々県内で行われるマラソン大会に職員や寮の仲間と参加し、完走した経験は自信につながったようである。また、「乳児院に遊びに行ってもいいか」とH児から希望があり、寮担当職員と何度か乳児院へ訪問したこともある。乳児を抱かせてもらったり、H児の思い出話を聞かせてもらったりして心が満たされたようだった。

心理面接は継続され、保健師による性教育がさらに組み込まれた。寂しがり屋なせいか大人と1対1で関わることを心地よく感じる幼さがH児にはあり、心理面接や性教育を拒むことはほとんどなかった。心理面接では、H児から語られる母親イメージに変化が見られるようになったことから、寮担当職員から母親との面会が提案された。しかし、H児がかたくなに拒否したため、当面はH児のなかでの母親像がさらに変化していくことを待つこととなった。

家庭調整

Ｙ園へ措置変更になったことをきっかけに、どちらかというと後回しにされていた家族との関係調整にも着手することになった。これには児童相談所の協力が欠かせない。家族関係の再構築の一つとして、離れているからこそ関係が保たれる家族という形もある。その関係性を見出すためにも断絶していた母親と会うことはＨ児には必要なことである。

そこで、Ｈ児のなかで母親像が少しずつ変化してきたことを確認し面会を提案したが、応じるまでには至っていない。母親と対峙できる自分をＨ児が見つけられるよう支援を続け、一方で児童相談所とＹ園が母親との関係を継続して持ち続けていくことが求められる。

2 支援の視点

- Ｙ園と児童相談所との情報共有は欠かせない。アドミッションケアの段階から、綿密に情報交換を行い、インケアにつなげていくことや、家族支援をするうえでも児童福祉司と連絡を取り合うことが求められる。ときには児童福祉司の家庭訪問や面会に施設職員が同席するなどしながら、それぞれとの信頼関係構築に努めることも必要である。母親との面会をＨ児に提案するまでにも、学齢児寮のころから児童相談所と密に連絡を取り合っていくことが重要である。
- 生い立ちの整理は、「ライフストーリーワーク」ともいう。これは、家族と離れて暮らさざるを得なくなった事情など自分自身の過去を知り、断片の一つひとつを現在とつなげる作業を指す。過去を変えることはできないが、その事実を自分なりに意味付けしていくことは可能である。それにより、過去・現在・未来の時間軸のなかで、自分が自分として存在することを受け入れられるようになっていく。

  例えば、Ｈ児が生い立ちの整理の一つとして訪問した乳児院では、児童記録から当時母親が頻繁に面会に来ていた事実を知り、Ｈ児のなかにあった「浴槽に顔を浸けられ」「熱湯に指を入れられた」怖い母親イメージが変化し、別の母親像が芽生えるようになった。また、アルバムを見たり、自分の知らない思い出話を聞いたりするうちに、自身の欠けたパズルのピースが埋まっていった。
- 性問題行動を主訴とする児童は、児童自立支援施設入所中に問題行動を繰り返すことは比較的少ない。そのため、直接的には課題が見えにくいが、心理面接や児童相談所の心理判定書などをもとに課題への介入の糸口を見出すことになる。H児の場合、対人関係のなかで自分より弱い立場の者に対して支配的に関わることと関連しており、自分自身の対人関係パターンを自覚させていくことが生活支援に求められた。

- 直接処遇の大部分を担うのは寮担当職員である児童自立支援専門員や児童生活支援員だが、そこには分校のクラス担任、心理士や保健師などとの密な情報共有がある。そのやり取りからお互いの支援内容を確認し合い、取り組んでいく。H児の場合、心理面接で語られた児童養護施設の調理長との思い出や、施設で育った自分を投げやりに話す態度がきっかけとなり、生い立ちの整理が具体的にスタートした。心理面接のなかでの内容は秘密保持が原則だが、当人の了解を得るほかにも、詳細は伝えずとも面接中の様子や変化などを寮担当職員らに伝えることは可能である。それを現実生活と結び付けていくことが生活支援を充実させることにもなる。

✣ 演習課題 ✣

11 乳児院訪問を機に、H児は母親への認識を新たにし、同時に以前よりも自分の存在を肯定的に捉えられるようになったのはなぜでしょうか。

12 H児にとって「母親と対峙できる自分」とはどのようなものなのか、具体的に考えてみましょう。

Section 7 自立援助ホームの事例

1 支援の過程

本人等のプロフィール

ジェノグラムを作成してみよう

- Ｉ児（16歳）：高校１年生・女児。Ｉ児は学力が低く、いつも成績優秀な妹と比較されている。また、妹のように両親と良好な関係が築けず、些細なことで叱られ、ほとんど褒められたことがない。家族のなかでは孤立している。自尊心が低く、人の顔色をうかがいながら接している。そのため、自分の意見や気持ちを伝えることができず、周りに流されてしまう。人間関係がうまく構築できないため、友人はほとんどいない。
- 父親（50歳）：会社員。外交的な性格で人間関係は良好。人望も厚い。家では自己中心的であり、父親の言動は家族にとって絶対的なものになっている。気に入らないことがあると暴力を振るう。
- 母親（49歳）：パート職員。家事・養育を中心的に行っている。夫に逆らえず、夫の言葉に従順に従う。妹を溺愛し、Ｉ児には厳しい。
- 妹（13歳）：中学２年生。成績優秀で活発的な性格。両親との関係も良好である。Ｉ児とは正反対の性格であるため、Ｉ児の自分の考えを言わない内気な性格を嫌い、姉妹間の交流はない。

Ｉ児が入居に至った経緯

Ｉ児は中学卒業後高校に進学したが、クラスのなかでうまく人間関係を築けずにいた。高校生活も何か月か経つとそれぞれグループができるが、Ｉ児は一人で行動するようになっていた。Ｉ児は、自分の居場所がどこにもないことから、次第に自分の殻に閉じこもり、家では自室に閉じこもり、両親から叱られる日々が続いた。学校では体調が悪いと言い、保健室に行く機会が増えた。勉強に身が入らず、ほとんどの科目で試験に受からなかったため、再試験を受けることになった。

その後、担任より母親に連絡が入り、Ｉ児の高校生活の実態を両親が知ることとなった。その日の夜、Ｉ児は両親と話をするが、威圧的な両親の前で何も言えず、一方的に叱られた。Ｉ児が自分の気持ちを伝えようとすると、父親に「反抗的だ」と言われ暴力を受けた。Ｉ児は気持ちを抑えられず、衝動的に家を飛び出した。数日後、深夜徘徊をしているところを警察に補導されたが、家族が引き取りを拒否したため、児童相談所に一時保護された。家族との関係が一段と悪化し、自宅に戻ることは難しいと判断されたため、自立援助ホームに措置入居することが決まった。

入居に向けての準備

入居前に児童相談所の職員に付き添われ、Ｉ児がホームを見学し、ホーム長より、ホームの規則や注意点などの説明を受けた。また、Ｉ児は高校を欠席している状態のため、学校生活を続けるか、中退するのかを決定する必要があり、その旨についての話し合いを行った。Ｉ児は高校生活を継続することを決め、Ｉ児の家族にも児童相談所の職員よりその旨を伝え了承を得た。費用については、特別育成費*19を利用することになった。

Ｉ児の支援としては、新たなホームでの生活に慣れることを優先課題としながらも、①高校に通い卒業すること、②身の回りのことを自分でできるようになること、③自身のお小遣いのほか、ホームの利用料や必要物品を購入できるよう、アルバイトをすることが課題となった。そのほかにも、適切な自己表現ができるようになることが必要であるとされた。

＊19　**特別育成費**
児童養護施設等から高等学校に進学した児童に対し、高等学校の教育に必要な諸経費（特別育成費）が支給されます。

入居後の支援─指導員の関わり方─

ホームでは、日常生活が安定するまで指導員が意図的に関わりを持つことにした。入居した当初は、緊張からか積極的に人間関係を築こうとせず、部屋と学校を行き来する生活を送っていた。数か月が経つとホームの生活にも慣れ、夕食後に食堂でくつろぐ姿がみられるようになったが、ほかの入居児童とは相変わらず距離を取って関わることはなかった。

指導員が学校生活などの話を聞くと応えるようになったが、少し踏み込んだ話をしたり会話が途絶えたりすると、すぐに部屋に戻っていった。そのため、指導員はＩ児のペースで話ができるよう、積極的には話しかけることをせずに、同じ空間にいても安心して過ごすことができるよう心がけ、待つ姿勢を見せるようにした。初めは、指導員が気になる様子だったが、いつごろからか、Ｉ児から指導員に話しかける姿が見られるようになった。話の内容は当たり障りのないものばかりだったが、指導員を仲立ちとしながらほかの入居児童とも話をするようになった。

入居後の支援―アルバイトについて―

指導員との会話のなかで、Ｉ児からアルバイトをしたいという発言があったため、指導員と一緒に探すことにした。アルバイト情報誌を一緒に見ながら、Ｉ児のやりたいこと、興味のあることを探していくが、Ｉ児が選ぶものは時給が中心であり、アルバイト内容や時間を見ると学業に支障が出る恐れのあるものばかりだった。そのため、Ｉ児のやりたい気持ちを受容しながらも、学業に支障が出ないこと、ホームから通える距離にあること、働ける日数や時間を考えるよう助言した。候補をいくつかあげ、面接希望の連絡をすることにしたが、電話をすることなく数日が経過した。

そこで、指導員がＩ児に電話をしない理由を聞くと、電話の仕方がわらないとのことだったため、一人で悩んでいてもわからないときは、指導員に伝えてくれれば、一緒に考えたり、行動をしたりすることを伝え、電話の仕方や言葉遣いについて一緒に考えた。アルバイトの面接日程が決まると、Ｉ児は履歴書の書き方や面接時の服装など、わからないことや不安なことを指導員に伝えた。指導員はＩ児自身から出た言葉をしっかりと受け止めて対応することを心がけるとともに、話してくれることがうれしいということや、できたことをしっかりと褒め、認めることにした。

アルバイトが始まると、人間関係の構築が苦手なＩ児は、アルバイト先での不満を指導員にぶつけるようになった。指導員はＩ児の話を傾聴したが、Ｉ児が間違っているときや、人間関係を良くするための助言などはその都度伝えるようにした。その後、少しずつアルバイトに慣れると、不満も減り楽しそうにアルバイトへ出かけるようになった。初めての給料日には、そのことを職員にうれしそうに報告し、日用雑貨を購入して自室の環境を整えていた。

しかし、給料日のたびにいろいろなものを購入し、数日後にはお金が足りないと申し出ることが続いたため、給料を何に使っているのかを書き出し、お金の使い方について指導員と考えることにした。Ｉ児は、今まで自由になるお金がなく、金銭管理の仕方を知らなかったことと、ほしいものが手に入るうれしさから、すべての給料を数日間で使ってしまっていることがわかった。給料の範囲内で生活をするためには、どのようにしていくべきかを話していくが、ホーム利用料等必要不可欠なものを除くと、お金がほとんど残らないことに腹を立て、その後、指導員に会っても目を合わせず、関係が悪化したまま、数か月が過ぎてしまった。

入居後の支援―学業について―

学業については、登校しても保健室に行くことが多く、授業を受けていないことから、学習進度に遅れが生じていた。今まで家庭学習をまったくしていないため、基礎学力が身に付いていないことも考えられた。Ｉ児への学習支援として、「勉強をしなさい」と伝えると、反発して余計に取り組まないことが予想されたため、事前に指導員の得意科目を伝え、わからないところがあれば一緒に勉強ができる体制を整えた。また、少しずつでも教室で授業を受けることができるよう高校の教員と連絡を取り、今後も連絡を密にし、連携を図りたい旨を申し込んだ。その後、学校でもさまざまな援助を行ってもらえ、Ｉ児は少しずつだが授業を受けることができるようになっていった。

Ｉ児は虐待を受けていたことなどもあって他人をなかなか信用できない性格であることから、広く浅い交流関係となっているが、このころからほかの入居児童との交流が増えており、クラスの学生との交流も見え始めた。学校で友人ができたことで、試験前には一緒に勉強をしたり、休みの日に出かけたりする姿も見られ、ほとんどの科目で試験を合格することができ、成績も少しずつ伸びていった。

入居後のＩ児の変化と家族への思い

入居半年を過ぎるころには、Ｉ児の性格は明るくなり、自分の気持ちを相手に伝えようとする姿が見られた。特定の指導員には心を許し、家での生活や家族への想いを伝えることもあった。家族に対しては、なぜ自分だけたたかれ叱られ、妹はかわいがってもらえるのかわからない、親には絶対に会いたくないと話しつつも、どこかで認められたい、見返したいという気持ちが読み取れた。

家庭やＩ児の気持ちのことまでは指導員が入り込むことはできないため、Ｉ児の思いをしっかりと受け止めていくようにした。また、ほかの指導員とも連携を図るため、ケース会議時にＩ児の思いを伝えるようにした。そして、Ｉ児から直接話を聞いていない指導員は、Ｉ児の前では普段通りに接することを徹底し、特定の指導員との関係の邪魔にならないよう努めた。

●今後の支援

広く浅くではあるが、Ｉ児は人間関係の構築ができるようになってきたため、見守りながら、トラブルがあった際には助言していけるようにしていくことが必要である。現在では、携帯電話アプリの普及により、人間関係のトラブルが表面化しないことが多いため、Ｉ児の些細な言動も把握していくことが支援につながると考えられる。

学業については、成績が伸びていることを認め、勉強をしやすい環境を整えることを優先していくとともに、高校卒業後の進路について考えられるようアプローチが必要となる。そのため、自立支援担当職員が中心となり、進学・就職を視野に入れながら奨学金の説明や職場体験を行うことも考えていく。

金銭管理については、毎月の給料を一人で管理できるようになるまで継続して職員と行っていくようにするが、高校卒業後やホーム退所後の生活を考え貯金をすることが必要になるため、時期を見てそのことについても話していくことが必要となる。

2 支援の視点

- I児のホーム入居の際、児童相談所の職員とともに見学説明を行っている。ホームでは、身の回りのことなど自分のことは自分で行うようになるため、このような施設見学は施設利用にあたっての動機づけや不安の解消の機会になり、入所後の混乱を防ぐことにつながる支援である。
- 本事例では、I児と家族の関係が希薄なため、家族再統合・自活のどちらがI児にとって最善の利益になるのかを見極め、児童相談所と連携を図りながら支援を行っていく必要がある。
- 自立援助ホームは、その特性から、「(子どもの) 最後の砦」と呼ばれることがある。その特性を十分に生かし、子どもの社会的自立の促進につながるような支援が必要である。そのため、日常生活以外にも金銭管理や人間関係の構築、社会とのつながりなど、支援は多岐にわたる。
- 自立援助ホームでは、子どもに何かさせるのではなく、子どもが目標を持ち、意欲的に取り組むことができるようになるまで待つことが必要となる。そのため、子どものありのままの姿を受け入れることが支援の第一歩となる。また、子どもが自己判断・自己決定したことは、失敗することがわかっていても初めから抑え込むのではなく、何事にもチャレンジをさせることが必要である。失敗やつまずいた経験をもとに成長できるよう職員は見守り、必要なときには寄り添い、援助を行っていくことが求められる。
- 自立援助ホームでは、被虐待児や発達障害のある子どもの入所が多いことから、職員もその特性をしっかりとふまえ、理解したうえで個々の支援に取り組んでいくことが求められる。そのため、職員の質の向上は最前の課題である。

❖ 演習課題 ❖

13　自立援助ホームに入居する子ども（被虐待児・低学力児等）と信頼関係を築くために、どのような支援・対応が必要でしょうか。

14　Ｉ児の高校卒業後の進路に向けた支援として、具体的にどのようなことが考えられるでしょうか。

section 8　児童家庭支援センターの事例

1　支援の過程

本人等のプロフィール

- Ｊ児（9歳）：小学３年生・長女。とても短絡的で気性が激しく、日常生活における言動も粗暴である。
- Ｋ児（14歳）：中学２年生・長男。内向的で自己肯定感が低く、周囲の状況に流されやすい。
- 母親（37歳）：実父母からの虐待を受けて育つ。異性への依存が強く、日常生活を営む能力にも課題がある。夫とは離婚している。
- 祖父（60歳）：実子（母親）および孫（Ｊ児・Ｋ児）に対し、常に暴力的かつ支配的である。

ジェノグラムを作成してみよう

児童養護施設入所から退所までの経過

近隣住民からの虐待通報により、祖父からＫ児（当時小学6年生）への身体的虐待が発覚し、児童相談所（以下「児相」）がＫ児を一時保護して、児童養護施設（以下「施設」）に入所となった。Ｋ児が保護されたあと、母親とＪ児（当時小学１年生）も、祖父からの暴力に耐えかね、祖父宅を出て車中暮らしをしていた。しかし、その車中生活自体が不適切な養育環境であるということで、Ｊ児も一時保護され、Ｋ児の措置されている施設に入所となった。

当初より児相と施設と母親は、「母親が自らの生活を立て直し次第、Ｊ児とＫ児を引き取る」という方針を共有していた。実際に母親は、施設の所在する市内にアパートを借り、掛け持ちでアルバイトをしながら生活を立て直そうと努力していた。また入所中は、学校行事への参加や一時帰省などの親子交流が施設との約束通り定期的に実行されてきた。

入所して1年が経過したころより、J児およびK児からの家庭復帰への希望が強まる。子どもたちの意向を受け、施設に附置されている児童家庭支援センター（以下「児家セン」）の相談員が、親子関係を再構築するための支援の一環として、家庭復帰に際して生じ得るさまざまな困難や課題を母親と一緒に整理した。このような具体的な話し合いや協働的な作業を通して、母親の家庭引き取りに向けた行動化を促した。

数か月後、母親は「特にK児は内向的で人見知りだから、転校してせっかくできた友だちと離れるのはかわいそう」と、施設と同じ校区への転居を行った。児相は、祖父との関係性が復活するのではないか、経済的に立ち行かなくなるのではないか、とのリスクを勘案しつつも、子どもたちの母親への純粋な思いやそれを受け止めようとする母親の主体的な行動など、一連の動きを総合的に判断し、措置解除を決定した。

しかし、J児・K児・母親による新たな母子家庭生活に金銭的な余裕はなく、児家セン相談員の仲立ちによって、当面は社会福祉協議会（以下「社協」）の貸付を利用しつつ、アルバイトをすることとなった。

多様な関係機関の連携による地域支援の状況

施設退所直後、児家セン相談員は、市の要保護児童対策地域協議会（子どもを守る地域のネットワーク）のスキーム[*20]で関係機関連携会議を主催し、援助方針を協議した。その結果、児相は母親への指導、市福祉事務所は情報集約の窓口、学校はJ児・K児の諸行動の観察、社協は家計簿作成支援、施設は放課後の居場所提供と学習支援、そして児家センは全体のコーディネート役と、各々の役割分担を決め、支援体制を構築した。

上記の会議を受け、すでに母子との関係性が構築できている施設スタッフと児家セン相談員が、母子に対し面談を行い、支援体制を共有するとともに、入所に至った経緯や祖父との距離感の振り返り、家計の見直し等を行った。

J児は小学低学年で家族の誰よりも早く帰宅することになるため、放課後はいったん施設に立ち寄って、施設入所児童たちとともに宿題に取り組んだり、おやつを食べたり、遊んだりしながら母の迎えを待った。また、最近市内に開設された子ども食堂への来所を母子に促したところ、子ども食堂が食事の提供はもとより、子どもへの学習支援や保護者へのピアカウンセリング[*21]的機能をも果たしていたことから、母子はとても気に入り、必ず来所するようになった。そこで、子ども食堂の主要スタッフによる携帯メールでの

＊20 **スキーム**
計画等を伴う枠組みや仕組みをいいます。

＊21 **ピアカウンセリング**
同じ障害や悩みを持っている対等な立場の仲間同士によって行われる相談援助をいいます。

簡単な状況確認も開始された。

なお、子ども食堂にはＪ児のほか、育ちの背景が複雑であったり、外国籍で日常のコミュニケーションが困難であったり、多動や不注意など発達障害の様相を呈していたりと、気がかりな子どもたちが多く来所しており、主要スタッフは、そのような子どもたちの対応に困惑する場面も少なくなかった。そこで、児家セン心理職員は子ども食堂のスタッフからの要請に応える形で、“支援者への支援”を意識した（子ども食堂のスタッフへの）スーパービジョン[*22]とメンタルケアを実施することとなった。

＊22 **スーパービジョン**
p.64 を参照のこと。

家庭生活と学校生活の変容への対応

施設を退所して数か月が過ぎたころから、Ｋ児の登校しぶりが目立つようになり、ある日、母親より「Ｋ児が学校に行かない。私は仕事に行かなければならないから様子を見に行ってほしい」と児家セン相談員に依頼があった。

家庭訪問をすると、Ｋ児は敷きっぱなしの布団に寝そべり、携帯電話で遊んでいた。室内には洗濯物が溜まっており、使用済みの食器がテーブルやシンクに重ねられていた。また、冷蔵庫にも腐敗気味の野菜が無造作に入っていた。Ｋ児は、「頭が痛い」と言って毛布に包まっていたが、児家セン相談員が声をかけるとそれなりに応答した。その後、児家セン相談員が洗濯をしたり食器を洗ったり掃除機をかけたり食事提供の準備をしていると、Ｋ児も布団から出てきて学校での友人関係の悩みなどを話し始めた。その日はＫ児の話を聞きつつ、家の中をある程度整えて退室した。

その後、児家セン相談員が週１回の家庭訪問を開始し、生活支援および学習支援をしながら母子の相談を聞くようにした。しかし、母親からは自分の行動を振り返る様子はなく、うまくいかないことはＫ児に責任転嫁する言動がよく見られた。

そうした状況を繰り返すなかで、Ｋ児は友人の非行行動に巻き込まれ、児童自立支援施設に入所することとなり、母親は施設や児家センと疎遠となった。それでも子ども食堂を通じたつながりは残っており、母子の状況把握については、子ども食堂のスタッフとの丁寧な情報共有で補った。母親はＫ児の処遇が落ち着いたころからは再び施設や児家センの介入を受け入れ始め、Ｊ児を対象とした放課後の施設利用も再開した。

一方、そのころよりＪ児に関する相談が学校から入るようになった。授業中に居眠りが頻繁に見られ、立ち歩きなどで授業の進行を妨害することも出てきたとのことだった。また、着衣の乱れ、宿題の未提出、持ち物がそろわない、食事を取っていない様子など、さまざまな生活課題も指摘された。

施設利用についても、以前は必ず放課後に来所していたが、Ｊ児自身の意思で来所を拒否する日も出てきた。子ども食堂では以前にＫ児が使っていた携帯電話を持参しゲームに没頭する姿も見られた。児家セン相談員との関わりを求める子どもらしさがある一方で、子ども同士のなかでは荒々しい言葉遣いで他児を威圧する場面も見られるようになった。

母子に再度、家庭訪問を提案すると、母親は「やだ」と子どものような言葉遣いで拒否をした。理由を聞くと「堅い話をされるのは嫌だ。怒られたくない」と、幼さに拍車がかかった印象であった。また、新たな異性との交際が始まったらしく、子どものことは二の次といった様子であった。そこで母親に「仕事も家事も一人でこなすことは大変だろうから、生活支援のために伺おうと思っている」旨を伝えると、態度は一変し、週１回の家庭訪問による生活支援が再開された。

家の中は以前と同じように乱雑で、洗面所の床にはたくさんの洗濯物が積み上げられている。以前Ｋ児が使用していた部屋にも洗濯済みかどうかわからない衣服が散らばっており、Ｊ児のランドセルの中にも締め切り期限が過ぎている提出書類が押し込まれるように入っている。普段、Ｊ児は、靴下がない、学校用の帽子がないと、身なりが整わない状態で登校しているが、少し片付けてみると、たくさんの靴下や帽子が見つかった。母は「家事が苦手だ」と言うが、家事のみならず時間や金銭など、さまざまな面での管理能力の乏しさや見通しを立てることの困難さがうかがえた。

息の長い伴走型支援の展望と課題

母親は日常生活の営みを実際にサポートするような支援は容易に受け入れるが、指導的介入になると途端に電話や訪問を拒み、関わりが困難になる。社協による家計簿作成支援のための面接も滞っている。Ｊ児の放課後の施設利用も強制力がないため、Ｊ児が拒否し母親もその意向を汲めば、それ以上の介入は難しい。その一方、母子ともに携帯メールでの気軽なつながりを求める傾向は強いので、支援機関のなかでは子ども食堂のスタッフが最も良好な関係を維持している。

しかし、子ども食堂のスタッフたちは福祉の専門家ではないため、ケースに巻き込まれ、共感性疲労や代理受傷に陥る危険性を常に抱えている。子ども食堂のスタッフたちが適度な距離感を保っていくためにも、他機関との情報共有と児家セン相談員によるスーパービジョンおよび心理的ケアを継続していく必要がある。また、児家センには、Ｋ児の児童自立支援施設からの巣立ちに向けた環境調整を行うとともに、日常生活支援という形で母子のアパートでの日々の暮らしを直接的にサポートしていくことも求められている。

専門性に基づくアウトリーチ型支援を実践する児家セン相談員と、しなやかな対応で良好な関係を保っている子ども食堂のスタッフが協働して、細く長く母子と“つながり続けること”、そしてそのつながりのなかで、母子に培われていく力を慎重かつ丁寧に確かめていく作業が、今後のファミリーソーシャルワークの基軸となっていくであろう。

2 支援の視点

- 本事例では、Ｊ児およびＫ児の施設退所（措置解除）にあたり、児童家庭支援センターの相談員が、親子関係再構築支援として生活課題を整理し、保護者の具体的な動きをサポートしている。これは実際の家族再統合にあたっては、保護者がうまく行動できずに家庭復帰が滞るケースが少なくないことから、とても実効的な関わり方といえる。
- 本事例では、家族が再統合され地域生活を再開した直後に、地域の関係機関が連携して支援するための会議が開催され、援助方針や役割分担が決められている。関係機関が互いの任務を確認し合い、その進捗状況（成果や新たな課題）を共有していく機会を継続的に設けることは、地域における子ども家庭支援の大前提である。
- 近年、多くの地域で「子ども食堂」がオープンし、注目を集めている。子どもの貧困問題に端を発し、健康不安や孤食の解消を目的としてスタートしたこのような市民活動実践は、“すべての子どもを地域社会全体で育む”ための有力な社会資源になり得る。新たな社会資源の創出と発展に貢献することもまた児家センのミッションである。
- これからの社会的養育システムにおいては、里親養育支援や地域（在宅）支援が主柱となってくる。それらの支援が成果を上げていくためには、子どもや当事者へのケアを拡充させていくだけでは足りず、“支援者への支援”の視点から間接的な支援システムを構築していくことも一層重要となってくる。その際、児家センに配置されている心理職員の活用も積極的に検討されるべきであろう。
- 本事例では、放課後の居場所提供、学習支援、（家事援助を含む）生活支援など、さまざまな形で母子に寄り添った支援が展開されている。児家センは、伴走的で息の長いソーシャルワークをコーディネートする地域の貴重な社会資源である。

✣ 演習課題 ✣

⑮ 施設に入所している子どもが家庭へ復帰（家族再統合）する際に、支援者には、どのような動きや心構えが必要なのかを考えてみましょう。

⑯ 児童家庭支援センターが、地域のファミリーソーシャルワーク拠点として連携すべき機関や施設、社会資源には、どのようなものがあるか調べてみましょう。

Section 9 NPOによるアウトリーチ型の子ども・若者支援、居場所づくりの事例

1 支援の過程

本人等のプロフィール

- Ｌ児（15歳）：高校１年生・女児。学校を休みがちである。お菓子ばかり食べ、偏食が激しい。援助交際やパパ活をして小遣い稼ぎをしている。母親の彼氏とは仲が悪く、さらに母親と近い見ため（容姿）や同年代の女性が苦手である。
- 母親（36歳）：パート職員として働きつつ、児童扶養手当を受給している。家事・養育について無気力である。Ｌ児を妊娠中にＬ児の父親と音信不通になり、離婚。Ｌ児と暮らしているが、現在は交際相手がいるため、家に帰ってこない日が多い。

ジェノグラムを作成してみよう

Ｌ児の生活

母親とＬ児は二人暮らしである。母親はＬ児にスマートフォンを持たせているが、行動を管理したい気持ちが強く、アルバイトをすることやインターネット経由での交際を禁じている。母親はＬ児のことをかわいがっているが、家事能力が低く、食事をつくらないこともある。また、仕事をしている時間以外は、交際相手と過ごしたいと思っており、男性に合わせた生活リズムに

なりがちである。Ｌ児が中学生になってからは、Ｌ児を一人にすることが多くなった。

Ｌ児が中学生のとき「家にご飯がない」「帰っても誰もいない」などと周囲に漏らした。学校の担任は、Ｌ児を呼び出し児童相談所に相談するよう勧めたが、Ｌ児は担任と関係が悪く、素直に話を聞くことができなかった。ほかにも援助機関の存在は知っていたが、躊躇（ちゅうちょ）して相談はできなかった。

Ｌ児は、Ｘ市にある通信制高校に入学した。週に１～２回、登下校の際に繁華街を通るようになった。途中でたくさんの男性にナンパされたり、声をかけられたりした。立ち話をすることはあっても、男性の誘いについて行くことはなかった。

Ｌ児と援助機関との出会い

ある日の夕方、Ｌ児がいつも通り帰宅しようとすると、色鮮やかな着ぐるみの集団が目に付いた。Ｌ児はアニメが好きなので思わず立ち止まり、着ぐるみの集団に近づき、目を合わせた。Ｌ児は「何しているの？」とその集団に尋ねた（集団の正体は、繁華街でアウトリーチ支援を行う NPO である）。

Ｌ児は、説明の内容よりも、着ぐるみと集団の放つ「（大学の）サークル」のような雰囲気が「楽しそう」と感じ、その場で NPO の女性ボランティアと連絡先交換をして、援助機関の活動に顔を出すようになった。

援助機関の特徴（愛知県：全国こども福祉センター）

援助機関側から、繁華街やサイバー空間（SNS・コミュニティサイト）に積極的に出向き、対話や交流を図り、子ども・若者との直接的なつながりを生み出す NPO である。

10 ～ 20 代のボランティア（非専門家）が主体で、自助グループとしての側面も持つ。出会った子ども・若者が仲間として加わることもあり、専門家と非専門家が一緒に活動している点、若いメンバーにより、共同自治が行われ着ぐるみを活用するなど、サークルのような雰囲気も特徴的である。保育士や社会福祉士、大学教員もボランティアで関わっている。

「アウトリーチ」とは

援助機関側が設定する「ターゲット（対象）」に対して、必要な情報や支援を届けるための手法であり、援助機関への心理的・物理的ハードルを減らし、相談やサービスの利用を促すことを意味する。
全国こども福祉センターでは、主な対象を10代と設定している。子ども・若者が集まる場所を設定して、不特定多数の若者に声をかけ、対話や交流人間関係づくりを重視したアウトリーチを実践している。

L児の性格・行動

ネグレクトの疑いが強い家庭であるが、児童相談所にはつながっていない。著しい偏食がある。集団行動が苦手で、学校の担任との関係は不良である。
複数のSNSを常用しており、不特定多数の異性と交流している。承認欲求や自己顕示欲が強く、自分の思い通りにならないと、不安が強くなる。自傷行為や自殺願望もある。同級生の友だちは少なく、特定の人とのみ付き合う傾向が見られる。親子関係や友人関係など人間関係でトラブルが起きると、他者のせいにして、SNSで知り合った男性に悪口を受け止めてもらっている。特に母親の悪口をよく話す。
趣味はアニメや絵を描くことである。アルバイトはしておらず、援助交際やパパ活などをして、遊ぶためのお金を稼いでいる。

役割を得たL児は、「参加者」から「ボランティア」に

繁華街での出会いをきっかけに、L児は援助機関に出入りするようになった。援助機関の主催する活動はバドミントンやフットサルなどのスポーツや声かけや募金活動のボランティアなど多岐にわたる。出入りは自由で参加するかどうかは本人次第である。シェルターはあるが、宿泊をするような活動はないため、施設型の支援とは異なり、その都度交通費または参加費を払って参加する。参加頻度が高い子どもほど「居場所」としての役割が大きい。
L児は絵を描くことが好きだが、中学・高校と帰宅部である。運動も苦手で汗をかくことも嫌いであるが、よくバドミントンとフットサルに参加している。L児は「スポーツは苦手」と話しているが、周囲のボランティアが気さくに誘った結果、コート内に入れるようになった。L児のバドミントンの実力は初心者レベルであるが、上手な人ほどカバーしてくれるため、ゲーム（ダブルス）が成り立つ。学校の部活では勝利が目標となるが、援助機関のバドミントンは「メンバーと仲良くなること（孤立を防止すること）」を目的としている。
L児は参加したばかりの数か月は緊張をしている様子であったが、次第に周囲のボランティアと仲良くなり、行事の運営や役割なども自然と覚えていった（周囲の大人やボランティアが教えている）。そしてその後、参加者だったL

児がボランティア側となり、参加者の話し相手や活動準備を担うようになった。

他者との関係性と失敗経験

L児は夜型で不規則な生活をしており、自己管理が苦手である。体力はなく、座り込んだり、集中力が切れ、輪から外れたりして一人になることも度々あった。一緒に活動するスタッフは一人になっているL児に対して、「無理しなくていいよ」「頑張ったね」と、L児の調子が崩れる度にすぐにフォローを入れた。次第にL児は、常に誰かがそばにいないと輪の中に入れなくなってしまった。また、活動に集中して取り組むこともできなくなり、周囲のボランティアを傷つけたり悩ませたりしていた。

L児は自分の思い通りにならないと集団から外れ、特定のスタッフに個別的な対応を求める。L児の期待に応えてフォローをしてしまうと、輪から外れるという行動が強化されるため、援助機関のスタッフは、L児の調子が崩れた際、すぐにフォローすることを止め、待つことにした。見守り、L児が自分から戻ってくるのを待ち続けた。L児は途中帰宅することもあったが、残ろうと踏みとどまることもあり、自分なりに考え、何かと向き合っているようだった。

それからL児は、自分の判断で親しいスタッフと距離を置けるようになり、自分でみんなの輪に戻れるようになった。また、思い通りにならなくても活動の枠組みのなかで役割を見つけることができ、周囲から少しずつ頼られるようになっていった。

援助機関内での活動は、オープンな場で行われている。多様な人が出入りするため、人間関係のつまずきを経験する。L児は、他者との関係のなかで「傷つけた」と自覚することで、自分と向き合う機会となった。

友人関係や家族関係に変化

その後、L児はアルバイトを始め、援助機関へ出入りする頻度が減少した。また、学校で友だちもできた。これまではコミュニティサイトなどのネット経由で知り合った友だちと遊ぶことがほとんどであったが、学校の友だちやアルバイト先の友人と遊ぶ機会も増えた。次第に、母親への悪口も減った。

半年後、L児はバドミントン会場である体育館を予約する係になった。活動を続けて2年、L児は「親にシューズを買ってもらった」と話し、新品の室内シューズを見せてくれた（以前は中学校で使用していた体育用のシューズを使用していた）。また、援助機関に友人を連れてくるようになった。

母親と援助機関の関係性

L児の母親は児童相談所やほかの援助機関などの存在を知っていたが、他者から自身の子育てを否定されたり、介入されたりすることに強い抵抗を感じていたため、児童相談所などを否定的に捉えていた。

ところが母親は、L児が日常的に出入りしている援助機関が気になったようで、挨拶と見学に訪れた。その際はスタッフの社会福祉士が挨拶をして立ち話するなかで、援助機関と母親との関係性も意識しながら、援助機関の概要を簡潔に説明した。また、「自助グループであること」「人間関係のトラブルは起き得ること」「ボランティア体制であり、できること、できないことがあること」などを伝えた。その後、L児の母親とはSNSを介してつながることになり、援助機関に所属する社会福祉士と適宜、情報共有をするようになった。

援助機関と母親との関わりは、「相談」という形式ではなく、挨拶やSNSなどの日常的なコミュニケーションを通して形成されていった。母親とL児の双方から情報を得ることで、家庭の状況を多角的に把握・分析できるようになった。

2 支援の視点

- 本事例は、家庭問題が深刻化する前に介入を行う予防的な実践であり、法的根拠に基づく危機介入のアウトリーチとは、目的も性質も異なる。支援や救済を前面に出していないことから、援助機関に拒否的な親子に対しても有効である。
- L児親子のように、社会的養護や公的支援の枠組みからこぼれ落ちる親子が存在する。地域により利用できる援助機関・地域資源がない場合や、アクセスが困難で利用できない場合もある。相談や援助機関に対しての心理的・物理的なハードルを取り除くための方法を検討していく必要がある。
- 問題が深化する前に対応することで、援助の選択肢が広がる。「虐待」が深化すれば、通報や保護などの危機介入的な方法に限定されてしまい、子ども本人にとっても選択肢が減少する。本事例は、予防段階の介入により、同世代の仲間やNPOなど、インフォーマルで多様な地域資源とつながることができた。多少のトラブルがあっても、親子がリカバリー（回復）でき、地域生活が継続できるような支援が必要とされる。
- 事例中の援助機関のように、社会的養護や公的支援を補完する役割を担うNPOも存在する。民間の援助機関を把握しておくことで、支援の幅は広がる。民間は、多様化するニーズに対応できる柔軟性や即効性が強みであり、弱みとしては資金不足や人手不足等が課題である。

- 事例中の援助機関では、年齢や性別、趣味などの共通点がある親和性の高いボランティア（非専門家）の役割は大きい。サークルのようなカジュアルさが子ども・若者を引きつけ、相談や援助機関への「入口」を担っている。境遇の近い子ども・若者が支え合う自助グループは、居場所づくりに欠かすことができず、傷付いた若者を包摂する機能を持つ。なお、他者との関係性のなかで､支えあいや「つまずき」を通した気付きや学びがある。「失敗をする機会を奪わない」という視点も必要である。

演習課題

17 児童相談所など援助機関の存在を知っていたにも関わらず、なぜＬ児や母親は相談をしなかったのか考えてみましょう。

18 社会的養護を必要とする子ども・若者の「居場所づくり」について、何が必要かを考えてみましょう。

【引用文献】

Section 1

- 全国乳児福祉協議会「平成28年度全国乳児院入所状況実態調査」2018年

Section 9

- 荒井和樹「全国こども福祉センターでの取り組み―居場所としての『社会貢献』の重要性―」日本科学者会議編『日本の科学者』Vol.51　本の泉社　2016年 pp.104-106
- 御旅屋達（2015）「若者自立支援としての『居場所』を通じた社会参加過程―ひきこもり経験者を対象とした支援の事例から―」社会政策学会編『社会政策』7巻2号　ミネルヴァ書房　2015年　pp.106-118

【参考文献】

Section 1

- 内閣府「令和5年度障害者白書」https://www8.cao.go.jp/shougai/whitepaper/r05hakusho/zenbun/index-pdf.html　2022年

Section 3

- 『子どもと福祉』編集委員会編『子どもと福祉　Vol. 4』明石書店　2011年

●楢原真也『子ども虐待と治療的養育―児童養護施設におけるライフストーリーワークの展開―』金剛出版　2015年
●村井美紀・小林英義『虐待を受けた子どもへの自立支援―福祉実践からの提言―』中央法規出版　2002年
●浅倉恵一・神田ふみよ・喜多一憲・竹中哲夫編集代表、全国児童養護問題研究会編『児童養護への招待―若い実践者への手引き―』ミネルヴァ書房　1999年

Section 5
●Sonja Parker、井上直美監訳、井上薫・千賀則史訳『家族応援会議』安全パートナリング研究会　2015年
●ニキ・ウェルド、ソニア・パーカー、井上直美編『「三つの家」を活用した子ども虐待のアセスメントとプランニング』明石書店　2015年

Section 6
●相澤仁編集代表、野田正人編『施設における子どもの非行臨床―児童自立支援事業概論―』明石書店　2014年
●小林英義『もうひとつの学校―児童自立支援施設の子どもたちと教育保障―』生活書院　2013年
●才村眞理・大阪ライフストーリー研究会編『今から学ぼう！　ライフストーリーワーク―施設や里親宅で暮らす子どもたちと行う実践マニュアル―』福村出版　2016年
●吉田眞理編『児童の福祉を支える社会的養護』萌文書林　2015年

Section 8
●橋本達昌、藤井美憲編『社会的養育ソーシャルワークの道標』日本評論社　2021年
●川並利治代表研究者、小木曽宏・藤井美憲・柴田敬道・橋本達昌・川松亮共同研究者『児童家庭支援センターの役割と機能のあり方に関する研究：第1報』子どもの虹情報研修センター　2018年

Section 9
●荒井和樹「勧誘行為の実態と成人若年層の犯罪予防に向けたアウトリーチの可能性―路上調査をもとに―」子どもと福祉編集委員会編『子どもと福祉』Vol.11　明石書店　2018年　pp.109-115

●学びを振り返るアウトプットノート

年　月　日(　)　第(　)限　学籍番号　　　　　　氏名

❖ このChapterで学んだこと、そのなかで感じたこと（テーマを変更してもOK）

❖ 理解できなかったこと、疑問点（テーマを変更してもOK）

Chapter 6 社会的養護の実際②（家庭養護）

●イメージをつかむインプットノート

Section 1 「里親の事例」のアウトライン

里親家庭は乳児院や児童養護施設等の施設とは異なる点が多く、支援には里親家庭に委託された子どもの視点と子どもを養育する里親への視点の両面が必要となります。子どもと里親を支援する機関や専門職は多様であること、里親の家族（里親の両親や実の子ども）への関わり、地域との関わりなど、里親家庭での養育の実践と里親家庭への支援について理解していきます（p.141）。

Keyword

- ☑ 里親養育支援
- ☑ 地域や学校等との連携
- ☑ 生い立ちの整理

さまざまな機関や専門職が里親家庭を支えています。

Section 2 「ファミリーホームの事例」のアウトライン

ファミリーホームは家庭養護に位置付けられます。その特徴は、①養育者の家庭に子どもを迎え入れ、私的養育の形態に近い体験を展開できること、②5～6人の子どもを養育する「多人数養育」であること、③補助者を雇い入れ養育に参加させること、④運営資金は施設同様措置費であり､事業として専門的な養育が求められていることがあげられます。

事例では、ファミリーホームにおける社会的養育の特徴にふれ、事例に登場する被虐待児童の「行動問題」「親子問題」「真実告知」をふまえ、子どもの未来の幸せに向けた取り組みを考えます（p.145）。

Keyword

- ☑ 多人数養育
- ☑ 真実告知
- ☑ 家族モデル

ファミリーホームでは、養育者の家庭に5～6人の子どもを迎え入れて養育をしています。

Section 1 里親の事例

1 支援の過程

本人等のプロフィール

- A児（10歳）：小学4年生・女児。
- B里父（55歳）、B里母（50歳）：A児が2歳9か月のときに家庭に引き取り養育している。

ジェノグラムを作成してみよう

A児が里親委託された経緯

A児の実母は未婚でA児を出産し、2人で生活をしていた。しかし、実母は夜間を中心にA児を一人置いて外出することがあった。加えて実母の経済的な問題もあり、A児は生後4か月のときに乳児院に入所することとなった。

乳児院に入所中、当初は実母の面会があったものの、半年ほどで連絡がつかなくなった。そのため、記憶がないなかでも面会に来ない母親に対してA児は強い拒否感を持っている。

実母と連絡が取れなくなったため、乳児院と児童相談所の協議の結果、A児をB夫婦に里親委託することになった。B夫婦は受託する半年前から週に1回程度乳児院に面会に訪れA児と関わりを持った。面会だけではなく、慣れてくると外出・外泊を行い、その後、A児が2歳9か月のときに乳児院からB里親家庭へ委託された。

A児の性格

A児の性格は、人見知りで、初めての場所に行くと馴染むまでに時間がかかるが、活発で体を動かすことが得意な一面もある。また、成育歴からの分離不安があり、里親家庭に来てからも里母から離れないといった一面がある。小学校に入ってからの学習に遅れはない。

B里親が里親になるまでの経緯

B里親夫婦は結婚後実子に恵まれず、5年ほど不妊治療をしていたが、なかなか子どもが授からなかった。そのようなときに里親制度のことを知り、里親登録を行った。

里親に登録するためには、まず里親の説明会に参加し、里親になる条件などを確認する。そして、社会的養護や里親についての基礎研修を受け、乳児院や児童養護施設での実習を行い、そのうえで里親登録の申請を行う。その後、児童相談所による家庭訪問等の調査があり、児童福祉審議会での審査を経たのちに決定となる。B里親は里親の説明を受けてから登録まで9か月かかり、里親として認定されてから1年後に児童相談所からA児の委託の打診を受けた。

委託当初の里親家庭の様子

B夫婦は子育て経験がなかったことから、乳児院のA児の担当保育士や里親支援専門相談員[*1]から子育てに関して相談しながら、外出・外泊を行った。A児もB夫婦に次第に慣れ、正式に里親委託となった。

A児は里親家庭に委託されてから数週間ほどは非常に良い子でご飯もよく食べ、挨拶もし、里親は安心していた。しかし、3週間が経つころ、これまでは見せなかった様子が見られるようになった。里母から少しでも離れるとひっくり返って泣きじゃくり、夜泣きがひどくなった。また、食べ物をたくさん食べ、同じお菓子がないと駄々をこねるなど落ち着かないことが多くなった。日中の養育を行っている里母は急なA児の変化に驚き、児童相談所の担当児童福祉司[*2]や児童心理司[*3]の訪問、里親支援センター[*4]（里親支援機関やフォスタリング機関等を含む）の支援を受けて、A児の養育を行った。

B里親は里親会にも参加し、他の里親から養育の様子を聞いたり、A児を連れて参加したりしていった。A児はこれまでの実母との分離不安から、里親家庭から離されるのではないかという不安や、自分を受け入れてもらえるのかといった不安などから、「試し行動」と言われる行動を行っていると里母は考え、A児が落ち着くまで寄り添い続けた。その結果、委託から3か月ほどでそうした行動は徐々に治まっていった。

地域、幼稚園との連携

里親家庭で生活を始めたA児は3歳から自宅近くの幼稚園に通うことになった。B里親家庭の地域にはこれまで里親がおらず、通う予定の幼稚園では里親家庭の子どもを初めて受け入れることになった。B里親はA児に通称名[*5]で通わせることを決めたが、里親の説明や通称名を使うことに対して

＊1　**里親支援専門相談員**
p.29 を参照のこと。

＊2　**児童福祉司**
p.24 を参照のこと。

＊3　**児童心理司**
児童相談所に配置される専門職で、子どもや保護者等の相談に応じ、診断面接、心理検査、観察等によって心理診断を行います。また、心理療法、カウンセリング、助言指導を通じて、社会的適応能力の回復を支援します。

＊4　**里親支援センター**
児童福祉法の 2022（令和4）年の改正で新しく規定された児童福祉施設です。児童福祉法第 44 条の3には「里親支援センターは、里親支援事業を行うほか、里親及び里親に養育される児童並びに里親になろうとする者について相談その他の援助を行うことを目的とする施設とする」と規定されています。

幼稚園側の理解が十分でなかったため、児童福祉司と一緒に説明をし、無事に通称名で幼稚園に通うことになった。

地域では、B里親の隣に住んでいる住民や親しい知人には里親としてA児を受け入れたことを伝えた。B里親は買い物や地域のお祭りなどにA児を積極的に連れていくように心がけた。

小学校との連携と生い立ちの整理

A児は幼稚園の友人と一緒に同じ小学校に通うことになり、学校生活も安定して送ることができた。小学校に入学する際も幼稚園と同様に小学校が里親家庭の子どもを受け入れた経験がなかったことから、入学前に児童福祉司とB里親が小学校に説明を行い、引き続き通称名を使用することに関しても依頼をした。

一方で、A児は自身が里親家庭で生活していることを理解していた。B里親がA児が小さいころから里親についての話をしたり、A児も里親会の集まりなどに参加してほかの里親家庭の子どもたちと遊ぶ機会もあった。また、児童相談所や里親支援センター（里親支援機関やフォスタリング機関等を含む）などの訪問や乳児院との交流も行っていた。

小学校4年生になり、小学校の授業で自分のこれまでの生活を振り返る授業を行うことになった。授業では名前の由来や小さいころの写真などを持ち寄ることになっていた。B里親は里親会でほかの里親からこのような授業があるかもしれないということを事前に聞いていたが、小学校からは事前に連絡がなかったため、担任の教員に直接会って話すことになった。

担任は社会的養護の子どもを担当したことがなかったため、A児の事情を詳しく聞いてA児も参加できるような授業の内容に変更した。B里親も改めて児童相談所と相談をし、A児の生い立ちについてどのように対応するか検討を行った。そして、A児が過ごした乳児院を訪問し、A児が入所していたときの職員に話をしてもらったり、乳児院がつくったアルバムや母子健康手帳を見返したりして、A児が生まれてきたこと、実母がA児の名前をどのような気持ちで付けたかなどを確認する機会をA児も参加する形で持った。

A児は里親家庭での生活を送ることができていることにうれしさを持つ一方、実母が乳児院に預けたときの気持ちや今の気持ちなどを考え、複雑な心境だった。B里親はA児に寄り添い「A児が生まれてきて、一緒に生活することができて良かった」ということを伝えた。

＊5　**通称名**
「通称名」とは、例えばA児の場合、戸籍上はA児の本名の名字のままであるが、実生活ではB里親と同じ名字を名乗ることをいう。児童養護施設等の施設の場合は、名字は本名であるが、家庭で生活する際は地域のなかで里親家庭の一員として生活するために、学校生活を送るうえで里親と同じ名字を名乗ることが認められている。

2 支援の視点

- 里親家庭は児童福祉施設ではなく、一般の家庭であり、本事例のように子どもを養育した経験のない家庭へ子どもを委託する場合もある。そのため、里親になるまでの経緯や研修などにも着目して支援を行っていく必要がある。
- 本事例では、乳児院から里親家庭に委託している。里親に委託する際に関わる支援機関は地域によっても異なるが、措置を行う児童相談所の児童福祉司や児童心理司だけではなく、里親支援センター（里親支援機関やフォスタリング機関等を含む）、乳児院（児童養護施設の場合もある）の里親支援専門相談員といったさまざまな機関と職種があり、それぞれの支援を行っている。また、委託するまでに乳児院での面会だけではなく、外出や外泊を行っている。その際、子どもの年齢に応じた対応方法などを乳児院の職員が里親に伝える必要がある。
- 里親委託は必ずしも乳児院からの委託だけではない。そのほかに、児童相談所の一時保護所からの委託、家庭からの委託、児童養護施設からの委託などがある。委託までにかかる時間や面会・外泊の有無なども異なるため、支援者はそれぞれのケースに合った委託までの支援内容を確認する必要がある。
- 本事例では、里親に委託された当初は、外泊等を行っているとはいえ、里親も子どもも新しい環境に慣れていない。その際の里親や子どもの変化に支援者は気付き、訪問や面接、電話連絡などを十分に行う必要がある。
- 本事例では３週間ほどして「試し行動」が始まった。「試し行動」とは、委託当初に子どもが「里親は自分がどんな行動をしても受け入れてくれるか？」と確かめるために行動をすることを指している。例えば、同じジュースだけを飲み続けること、赤ちゃんのように小学生であっても抱っこやおんぶを長時間求めることなど、さまざまである。始まる時期もなくなっていくまでの時間も時期も、子どもの年齢やケースによって異なるが、里親にとって支援が最も必要なときである。里親は 24 時間子どもの対応に追われることになるため、子育てを孤立させないために児童福祉司や児童心理司、里親支援センター（里親支援機関やフォスタリング機関等を含む）、里親会などの支援者が連携を取りながら支援を行っていく。
- 里親家庭は地域で生活を行っているが、まだ日本においては里親が小学校区や中学校区にない地域がほとんどである。そのため、幼稚園・保育所等や学校が里親家庭を受け入れた経験が少なく、里親の説明だけでは十分に伝わらないことがある。その際は、児童福祉司等が幼稚園・保育所等や学校に同行し、説明を行い、里親を孤立させないようにすることが非常に大切である。

- 本事例では、「生い立ちの整理」を小学校の授業をきっかけに重点的に行った。「生い立ちの整理」は「真実告知」や「ライフストーリーワーク」といった言葉でも行われており、子どもが出自を知っていくなかでこれまでどのように養育されてきたかを振り返り、未来に向かって歩んでいけるような説明が必要になる。里親だけでは十分な情報がないため、児童相談所やそれまで子どもが育った施設等と連携を取りながら行うことも大切である。

演習課題

1 子どもが里親家庭に委託される背景にはどのような理由があるでしょうか。実親との面会がある場合とない場合の理由をそれぞれ3つずつ考えてみましょう。

2 里親家庭にいる子どもの意見表明権（アドボカシー）の保障をするため、子どもが意見を周囲に伝えられるようにするためにはどのようなことが必要か考えてみましょう。

Section 2 ファミリーホームの事例

1 支援の過程

本人等のプロフィール

- C児（12歳）：中学1年生・男児。
- 母親（30歳）：18歳でC児を出産後、夫とはすぐに離婚。C児が児童養護施設入所後しばらくして音信不通となった。

ジェノグラムを作成してみよう

C児が入所に至った経緯

C児が施設入所に至った経緯は、母親の就労事情によるネグレクトが原因である。夜間の仕事で不在となる母親の育児に協力する親族はなく、行政への相談もなかったため、当時２歳のＣ児はアパートに取り残されていた。その後、母親を探しに外に出て保護されることが続いたため、Ｃ児が３歳のときに児童養護施設への措置が決まった。

母親は２回施設へ面会に来たが、その後音信不通となる。一方、Ｃ児を取り巻く施設養護の環境においては、施設内のホームの異動、担当職員との別離を毎年繰り返し、特定の愛着関係を結べる人間関係も希薄なまま時が過ぎていた。そうした時期にＣ児を担当していた女性職員が施設から独立し、夫婦でＺファミリーホームを開設するということになった。「母親の所在が不明で家庭復帰の見込みがない。独立したＺファミリーホームであれば養育のパーマネンシーと異動のストレスが軽減されることも鑑み、Ｚファミリーホームへの措置変更が妥当」という施設側の意向のもと、Ｃ児が小学２年時にＺファミリーホームへ措置変更された。

Ｚファミリーホームでは、Ｃ児を措置時から知る夫婦が専任養育者となり、補助者を数名時間給で雇用。定員は６名であるが、Ｃ児は２人目の措置児童として迎え入れられた。

本児の性格・行動

Ｃ児は被虐待児（ネグレクト）であり、施設入所時には反応性愛着障害[*6]と思われる行動が多く見られた。保護した当時から発達が遅く、また自制の力に乏しく感情の起伏が激しかった。「見捨てられる」と感じる行為には過剰反応が強く見受けられ、パニック状態になることもあった。実母への思いは強く、毎日母親と連絡を取りたがり、他児の帰省や親との面会時には精神的な不調をきたすことが頻繁にあった。

Ｃ児は人に好かれる無邪気さと、当時の施設が縦割り養育であったこともあり、年長児にかわいがられていた。しかし、落ち着きがなく、行動も衝動的であるため目の離せない子であり、パニック時には無断外出、暴力を振るうなどの行為もあった。田中ビネー知能検査におけるIQは68で、Ｃ児の性格や行動特性より個別対応が必要とされ、小学校では特別支援学級（分校登校）に通うことになった。

＊6　**反応性愛着障害**
生後５歳未満までの間に特定の大人との間で形成されていく親密な絆がうまく形成されなかったことで生じる、子どもの泣きわめく、過度に甘えるなどの不安定な反応や行動をいいます。Ch. ９－Ｑ８も参照のこと。

ファミリーホームでの生活に向けた準備、働きかけ

Ｚファミリーホームへの措置変更については、当初より児童相談所内でも大きな話題となっていた。「養育のパーマネンシー」「家庭養育の推進」という意味ではこの措置変更は妥当であるが、行方不明の母親からは同意が得られないこと、面識のある施設職員宅への措置変更は基本的に行っていない（失敗ケースがあったため）ということで、児童相談所は措置変更に消極的であった。

しかし、施設側の強い希望と働きかけ、C児も「Zファミリーホームに行きたい」という意思を強く持っていたため、年度途中であったが措置変更の話が具体化した。当時C児は施設の敷地内にある分校に登校し、合理的配慮のある教育を受けていたが、措置変更に伴いZファミリーホームがある区域の学校（通常学級）へ通うことになった。地域の学校への登校にあたってはさまざまなことが心配されたため、養育者は学校へ何度も出かけ説明を行った。幸い養育者の生まれ育った地域の学校ということで、養育者の小・中学校時代を知る教員とも再会し、C児の理解はスムーズに教育現場へ浸透していった。

C児への短期的支援としては、Zファミリーホームの生活地域に慣れることを最優先課題とした。C児が施設養護から家庭養護への生活の変化に戸惑うことも十分想定し、そのなかで出てくる諸問題にはその場その場で真摯に向き合うこととした。

中長期的支援としては、行方不明の母親に対する思いの整理をしながら、ZファミリーホームをC児が「家」「居場所」と認識できるようにすることを目標とした。そのほか、「実親の不在と愛情の不足感」「思春期にある人間関係の不信感」「強いられる自立に対する未来への絶望感」「心地よい場所に対する拒絶感」「自分の育ちの不平等感」などのC児に想定される心の問題にも焦点をあて、これらをどのタイミングでどのように穴埋めし、解消していくのかについては、家庭生活、学校生活を見守りながら、流動的に行うものとした。これは家庭養護の特性である24時間365日の養育が可能とするものであると想定した。

特に上記の心の問題に対する対処の糸口を見つけるために、C児にある母親の思いを大切にすることは必要なことと考え、家庭養護に見られがちな養育者を「お父さん」「お母さん」と呼ばせることについては慎重に考え、養育者の呼称は自由とした。C児が抱える実家族への思いについては吐露しやすい環境をつくり、さまざまな不安感や不信感からくる心の傷を癒やしていくようにした。

ファミリーホームでの支援

措置費を元に運営するファミリーホームは、社会的養護の必要な子どもを養育者のプライベートに迎え入れて養育をする事業であり、社会的養育の使命としての「公的な養育」を強く意識しなければならない。そのために、C児に対するソーシャルワークを基本としたアセスメント、支援計画を行うなかで、ファミリーホームの特徴を最大限に生かした支援を考えた。流れとしては、①「家庭の実感と実体験」、②「信じられる大人との恒久的な関わり」、

③「将来の保障（実家機能）を確立する」の３つである。

① 家庭の実感と実体験

Ｃ児の施設養護から家庭養護への移行は思った以上に戸惑いの日々であった。Ｃ児にとって一番の戸惑いは、毎日同じ大人がいる生活体験、そしていつか迫りくる「自立」という言葉にあった。それは未来への「不安感」「失望感」でもある。Ｃ児は小学２年生にして社会的養護の最大の目標である「自立」についていずれ「強いられる」「仕方がないこと」という感覚を持ち得ていた。Ｃ児はファミリーホームでの生活に居心地の良さを覚え、今後に期待しても、いずれ来る自立のときにはファミリーホームを出て一人になってしまうという未来しか描けず、またＣ児にとって未来は怖いものでしかなく、未来を思い描くことは心をむしばまれる感覚であると推測できた。

そんなＣ児は恒久的な関わりを持つ養育者に対し、ファミリーホームでの生活がスタートして３か月が経過したころから「試し行動」を行うようになってきた。些細なことでパニックになり、家出、暴力を繰り返した。それでも養育者はＣ児に指導的な関わりをすることは極力避け、「心配したよ」という気持ちを強く伝えながら、次の日には通常の１日を送ることができるよう、養育者が考え得る普通の家庭を提供し、「見捨てられない体験」「理不尽さを感じさせない体験」を念頭に関わりを持った。また、補助者が間に入りＣ児の気持ちのヒアリングやケアをし、同様に同じく委託されているほかの子どもにもＣ児との生活において効果的な役割を持たせた。多人数養育を一つの利点とし、「家族」を意識させた養育を行った。

元いた児童養護施設の職員の来訪もＣ児にとってはとても良い機会となり、施設養護と家庭養護の違いを確認していった。時には元いた児童養護施設に泊まりに行き、「家」や「人間関係」に家族的な様相があることを身近に感じられるようになっていった。それでも家庭生活に慣れてきた２年目、金銭も含めた盗難の問題が浮上し、養育記録よりＣ児以外の他児の帰省前後に発生していることがわかった。Ｚファミリーホームでは、盗みの問題は心の問題として、特別感を与える関わりをより多く持つこととした。一方、盗難に対する指導は児童相談所が行い、養育の場と指導の場の役割分担を行った。

そんなある日、Ｃ児から思いがけない申し出があった。２分の１成人式を学校で迎えることとなったＣ児は、「ここの家族は本当の家族ではない。本当の家族を探してほしい。本当の親のことを思うと心が苦しくなる」と申し出た。児童相談所と協議しながら母親の情報を集め、Ｃ児に「真実告知」をすることとなった。しかし、真実告知の内容はＣ児にとって良い内容のものではなかった。それを察してか、１回目の告知については自ら拒否をし、しばらく実家族の話についてふれることはなかった。

② 信じられる大人との恒久的な関わり

児童相談所が盗難に対する指導を行っていたころ、C児を地域のサッカースクールに通わせることとなった。C児がサッカーに興味を持ったきっかけは、同居中学生が入部するサッカー部の応援であった。地域のスクールは全国大会を目指すチームであったが、C児は持ち前の運動神経の良さとチームメートにも恵まれ、サッカーにのめり込んでいった。練習は激しく、また他児の家族が自分の子どもにかける熱量もすさまじかった。そういった環境のなか、C児は厳しい指導に耐え、良き仲間を持ちたくましく成長していった。

C児にとってサッカースクールのコーチとの出会いも大きな分岐点であった。「養育者より厳しい人に始めて会った」と言い、それでもそのコーチの言葉を信じてサッカーの練習に耐え抜いた。地域でのスポーツ指導がC児の人間的な成長を深めていったのである。しかし、それ以上に彼にとって大きな成長は、自分以外の家族にもふれたことである。ここで彼はいろいろな家族があるということを学んだ。

そのころ、暮らしをともにしている養育者が妊娠した。養育者はつわり、体調不良を抱えながらもC児のサッカーの応援や支援を行った。そんな姿を見てか、C児は毎日養育者の体調やおなかの赤ちゃんのことを気にするようになった。帰省ができないC児にとっては自分のきょうだいが生まれる感覚であったようである。養育者のプライベートではあるが、赤ちゃんが産まれるということについて、「お母さん（養育者）は苦しくても赤ちゃんを産む。俺の母さんも苦しみながらでも俺を産んでくれたんだよね」という気付きがC児に芽生えた。

この発言を受けて、C児にはきちんと真実を伝えても大丈夫であると養育者は判断し、１度目の真実告知の機会から約１年後にC児に真実告知を行うことを提案した。C児は少し戸惑っていたが、真実告知を聞く決意をした。一連の告知のなかでC児の実家族が離散状態にあること、母親が行方不明であることを知ったC児は、「母さんが死んでないとわかっただけでも良かった。母さんが死んでいると言われると思った」と話した。またこの事実についてC児は、同居するほかの子どもや補助者、学校の担任に話をしたいと申し出た。

真実告知を受けてからはC児の盗難についての問題行動はなくなった。養育者が「母親がなぜC児との距離を置いて行方不明になっているのかはわからないが、母親がC児を児童相談所に預けたのは一つの愛情であったかもしれない」と話すと、「俺はサッカーもできるし、ここで生活できているから運がいいよ。母さんが見つかればわかるよね。それでいいよ」とC児は答えた。

③ 将来の保障（実家機能）を確立する

真実告知を受けたC児に養育者は一つの提案をする。「今ある名字を通称でもよいので養育者の名字に変えないか？」という提案であった。彼はしばらく考えたうえで、「俺はずっと自分の名字で生活してきた。母さんと会ったときに〇〇（養育者の名字）だったら母さん悲しむから、このままでいく」と答えた。この点は養育者もC児の気持ちを十分理解しており、養育者はC児に対して、実母が現れなければ養育者が一生親替わりであることを伝えている。迫る自立に絶望を感じさせないだけの養育者の「一生を付き合う」という覚悟と、それだけのキャパシティーは家庭養護だからできる旨をC児には定期的に話している。C児は小学校卒業時の文集に、将来の夢を「世界一のサッカープレイヤーになること」と書き留め、現在中学校生活を送っている。

2 支援の視点

- 本事例においては、C児の心のありようをどう養育者が理解し、支援していくかがポイントである。
- C児の生活においては、家庭モデルを重視した支援を展開し、C児の生活に主体性を持たせることでC児はいろいろな感情を自由に宿し、ファミリーホームのなかでその気持ちを共有させている。また、ファミリーホームでは養育をする者が特定されており、一緒に生活を営むことで子どもの心の問題をはじめとした諸問題に、迅速かつ柔軟性に富んだ一貫性のある支援や対応ができる。本事例ではそれが強い信頼関係の構築につながっている。
- 本事例においては家庭的な関わりを持つ一方で、同居するほかの子ども、補助者、関わりのある施設職員、地域のサッカースクール等、多岐にわたる関係者を一つの社会資源としてC児に関わらせた。人と人との育ち合いである多人数での養育が、C児に「自分は一人ではない。ファミリーホームの家族みんなで生活しているからこそ、つらいことや悩んでいることを知ってもらっていいんだ」という感覚を芽生えさせている。また、養育者の価値観にとらわれることなく、補助者を中心にさまざまな人の価値観にふれる機会を持つこともできている。

- Ｃ児は、地域のサッカースクールを通じてファミリーホーム以外の親子関係も目の当たりにしており、家族・親子に対する多くの価値観にふれることで、ファミリーホームにおける家族を自分のなかに位置付けることができた。
- ファミリーホームでは、養育者が住み込んでいるために、委託児童に対し支援の方向性のブレがなく、基本的な信頼関係も構築できる。いずれ来る自立への不安解消の一つとして、子どもに対して「実家機能」を与えることができることも有用である。
- ファミリーホームは養育を事業として行う。それゆえに養育者は子どもの養育に対し、専門的な見地を持ち、その一環として養育記録を残している。本事例では養育記録を時系列にすることで、Ｃ児の問題行動のタイミングと他児の親子交流のタイミングがほぼ同時期であることに気付くことができている。Ｃ児の心にある親への気持ちや親への失望感を養育者も考慮しなくてはいけないという、支援の切り口を見つけている。
- 本事例では、児童相談所との役割分担を明確にし、Ｃ児の支援に取り組んでいる。養育について外部の支援を得ることで養育の密室化を防いでいる。
- 養育者のプライベートに迎え入れて行う養育の有用性は、よりリアルな生活体験に基づく家族モデルであり、この事例では赤ちゃんの出産を通じて、Ｃ児の過去、現在、未来に対するさまざまな感情を豊かにさせている。

❖ 演習課題 ❖

3 施設にいるときのＣ児と、ファミリーホームにいるときのＣ児を比較しながら、家庭養育におけるＣ児の成長をまとめてみましょう。

4 Ｃ児の家庭養育を支えるための行政側の家庭養護への理解と支援には、具体的にどのようなものがあげられるのでしょうか。

【参考文献】

Section 1

- 養子と里親を考える会編『里親支援ガイドブック―里親支援専門相談員等のソーシャルワーク―』エピック　2016 年
- 家庭養護促進協会『ケースワーカーと学ぶ里親養育の基礎知識』2014 年
- 津崎哲郎『里親家庭・ステップファミリー・施設で暮らす 子ども回復・自立へ

のアプローチ―中途養育の支援の基本と子どもの理解―』明石書店　2015 年
●厚生労働省「里親及びファミリーホーム養育指針」2012 年
●こども家庭庁「社会的養育の推進に向けて（令和 5 年 4 月 5 日）」2023 年
●山本真知子『里親家庭で生活するあなたへ―里子と実子のための Q&A―」岩崎学術出版社　2020 年

●学びを振り返るアウトプットノート

年　月　日(　)　第(　)限　　学籍番号＿＿＿＿＿＿　　氏名＿＿＿＿＿＿＿＿＿＿

❖ このChapterで学んだこと、そのなかで感じたこと（テーマを変更してもOK）

❖ 理解できなかったこと、疑問点（テーマを変更してもOK）

社会的養護の実際③（障害系施設）

●イメージをつかむインプットノート

Section 1 「障害児入所施設の事例」のアウトライン

障害児入所施設で暮らす乳幼児期の子どもへの支援には、遊びを通して発達を支える療育の視点と、発達段階に応じた基本的生活習慣や生活技術の獲得を目指す生活支援の視点が必要です。また、家庭復帰を考える場合に、子どもがともに生活できるよう家族への支援も必要となります。さらに、家庭復帰後における地域での生活を考えた場合は、退所後に利用するサービス支援機関との調整も必要となります。事例を通してそれらの支援における視点を考えながら、子どもの育ちと家族への支援について理解していきます（p.155）。

Keyword

- ☑ 療育
- ☑ 生活支援
- ☑ 家族との関係調整

支援においては、遊びを通した療育の視点と生活支援の視点が大切になります。

Section 2 「児童発達支援センターの事例」のアウトライン

児童発達支援センターは、障害児を日々保護者のもとから通わせて、支援を提供することを目的とする通所施設です（児童福祉法第43条）。事例では、日常生活における基本的動作の指導、独立自活に必要な知識技能の付与または集団生活への適応のための訓練が行われている福祉型児童発達支援センターを取り上げ、センター職員（保育士や心理担当職員など）による支援の実際、障害特性への支援の実際、障害児とその家族に寄り添う支援の重要性について理解していきます（p.160）。

Keyword

- ☑ 移行支援
- ☑ 家族支援
- ☑ 専門機関の連携・協働

子どもだけでなく、保護者も含めた包括的な支援を行っています。

Section 1 障害児入所施設の事例

1 支援の過程

本人等のプロフィール

- A児（5歳）：女児。3歳児健診の際に発達の遅れを指摘され、その後、軽度の知的障害、自閉スペクトラム症／自閉症スペクトラム障害（以下「自閉症スペクトラム障害」）であると診断された。
- 母親（25歳）：経済的に困窮しており、子どもとの2人での生活に困難が生じたためA児を施設入所させた。夫とは離婚しており、養育費の支払いは滞りがちである。母親の親にあたるA児の祖母が存命であるが、遠方に住んでおり、経済的な支援も受けられていない。

ジェノグラムを作成してみよう

A児が入所に至った経緯

A児と母親が1歳6か月時に実施される乳幼児健康診査（以下「健診」）を受けに来なかったため、保健センターの保健師が自宅アパートを訪問した。母親はA児が夜になかなか寝ないことに困っていたが、それ以外には困りごとはないとのことだった。しかし、保健師が話を聞くなかで、母親が育児について相談できる人が身近にいないことと、A児の反応からも発達の遅れを感じたため、定期的に家庭訪問をし、A児親子の様子を把握することとなった。

3歳のときに行われた健診は保健師からの働きかけもあり受診した。そこで、A児は発達の遅れを指摘されたが、母親は「遅れ」という言葉に難色を示したため、ここでは療育につなげることはできなかった。保健センターで行われる健診後のフォローを目的とした親子教室も母親がA児を継続的に連れてくることはなく、1度参加したのみであった。

その後、母親は夫と離婚した。夫も若く、経済的に苦しい状況のなかで養育費の支払いが滞っていたため、母親はA児を保育所へ入所させ働くことにした。ひとり親家庭のため保育所への入所はスムーズにできたものの、初めて経験する集団生活にＡ児はうまく馴染むことができず、急に部屋を出ていくことなどがあった。また、園長を交えた保育士と母親との話し合いのなかで、障害認定を受けて加配保育士[*1]の制度が利用できるように手続きをしてほしいと園長から要請され、母親は承諾するもなかなか動くことができずにいた。

そのような状況のなか、保育所へ登園しない日が徐々に増えていき、保育所と連携していた保健師がＡ児の自宅アパートを訪問した。母親は就労を継続できておらず、またＡ児の子育てに対しても無気力になっており、食事も満足に与えていない状況だった。保健師は市役所福祉課のソーシャルワーカーと連携し、Ａ児をＺ障害児入所施設[*2]（以下「Ｚ施設」）へ入所させることにした。

施設入所に伴い行われた発達検査では、Ａ児は軽度の知的障害と自閉症スペクトラム障害[*3]であると診断され、療育手帳[*4]の交付を受けた。

入所後の支援

Ｚ施設は福祉型障害児入所施設で、定員は 30 名。うち幼児はＡ児を含めると５名である。Ａ児は３歳でＺ施設に入所するまで、集団生活の経験がほとんどなく、保育所へ通っている間もクラスのなかへ入れずにいた。また、睡眠のリズムが獲得できておらず、生活リズムも崩れていた。さらに、Ｚ施設での食事場面において、Ａ児から積極的に食べる姿を見ることも少なかった。そのため、まずは生活リズムを整えることが課題とされた。

生活リズムを整えるために、まずは毎朝同じ時間に起きて、朝食を食べることが行われた。味覚に過敏さがあるのか、口に入れられるものは少なかったが、まずは食べられるものから栄養を取ることを目標に行われた。

午前中は、学齢期の子どもたちが学校へ行くため幼児のみとなり、Ａ児を含めた５人の子どもで遊びを中心とした療育が行われた。Ａ児は集団を経験したことがほとんどなかったが、Ｚ施設の幼児だけで遊ぶ時間は小集団であったため、急に部屋を出ていくなどということはなかった。しかし、子ども同士での関わりは難しい状況であったため、まずは保育士との１対１の関係でやり取りができるような遊びを行った。そして、この１対１の関係を重視しつつ、少しずつほかの４人を意識できるように、一緒に歌ったり踊ったりする、お友だちに名前を呼ばれたら反応する、自分の順番を待つなどの経験を積み重ねていった。ここでも、保育士はすぐに子ども同士の関係をつくることはせず、焦らず実践していくことを大切にした。保育士との関係がしっかりできれば、その保育士を支えにしながら、ほかの子どもたちとの遊びや、少し苦手な課題への挑戦などが可能になるため、個の関係から集団へと広げ

＊1　**加配保育士**
障害のある子どもを支援するために追加配属される保育士をいいます。クラス担任の保育士と連携し、遊びや活動に参加できるよう働きかけます。

＊2　**障害児入所施設**
障害がある子どもを入所させて、保護、日常生活の指導および独立自活に必要な知識技能を与える児童福祉施設です(児童福祉法第42条)。専門医療の提供の有無により、福祉型と医療型に区分されます。

＊3　**自閉スペクトラム症／自閉症スペクトラム障害**
p.55 を参照のこと。

＊4　**療育手帳**
知的障害児・者に対して、一貫した指導・相談等を行うとともに、各種の援助措置を受けやすくすることを目的に交付される手帳です。

ていくことが目標として行われた。また、療育のなかでは作業療法士が関わり、感覚の過敏さに対して感覚統合療法[*5]が行われた。ここでもＡ児自らが意欲的に取り組めるよう、遊びを通して行われた。

このような療育の経験を通して、Ａ児は楽しい遊びに対して自ら積極的に関わるようになった。そのことで、他児との関わりも生まれるようになり、周りの子どもを意識できるようになっていった。他児を意識できるようになったＡ児はその後、食事などの場面でも友だちを意識できるようになり、４歳を過ぎてからは積極的に生活課題に取り組む姿が見られるようになった。また、自信を持って取り組むことが難しいときには保育士に助けを求めることもできるようになり、手伝ってもらいながら生活課題に取り組む姿も見られるようになった。

夕方の生活は１日の疲れも出てきて、子どもたちにとっては気力が出ない時間帯でもある。Ａ児も夕方になると、他児とトラブルを起こす姿がたびたび見られたが、そのようなときも保育士はその気持ちを受け止め、別の落ち着ける場所へ移動するなどの工夫をした。また就寝時も、睡眠リズムが獲得できていないＡ児にとっては大変な時間であったが、施設で過ごすなかで、日中に充実した遊びの時間が過ごせたときには、入眠に困らない日が少しずつではあるが増えていった。

＊5　**感覚統合療法**
感覚情報がどのように捉えられているかを理解し、適切に反応できるように、触り方などの感覚入力の方法を調整したり、関わり方を工夫して体験させる個別的療法のことをいいます。

母親への支援

母親は当初、子どもを施設へ入所させることへの抵抗を示していたが、一人で育てることへの限界も感じていた。Ａ児が夜寝ないことによる疲労と、勤務先での人間関係もうまくいかず仕事も休みがちになっていたことから、保育所へＡ児を登園させることも困難になっていたようである。

もともと母親は外へ積極的に出る性格ではなかったが、Ａ児が１歳を過ぎたころ、近所の公園でＡ児が他児を噛んでしまったことがあり、そのときに他児の親から育児のことで責められ、嫌な思いをした経験があった。また、Ａ児がバスなどで移動する際に泣き叫ぶこともあり、親としてしっかりとした育児ができていないと自信を失っていたようである。そして、そのことが健診へ連れていくことをしなかった理由となった。

Ａ児の施設入所後、母親は新たな仕事先を探して働き始めた。人間関係の悩みなど、継続している課題もあるが、夜に十分な睡眠が取れるようになり、生活リズムが一定になってきたようで、就労は継続するようになった。

Ｚ施設からは施設の通信が送られており、そこで子どもの様子を知ることができる。また、Ａ児が５歳になったころからは定期的に施設へ面会に来るようになった。母親はＡ児への関わり方に関して、障害特性が理解できず、いまだに戸惑うこともあるようだが、Z施設の保育士からA児の特徴や障害特性についての説明を受け、理解しようと努力している。

最近では、母親が将来的にA児と一緒に暮らしたいという希望を職員に伝えることもある。母親自身も障害について学び、子育てに活用したいという意欲も持ってきている。しかし、まだ具体的な行動にはつながっていないため、母親にも継続的な支援が必要である。

今後に向けた支援

A児も5歳になり、Z施設での生活も2年が過ぎた。朝や夕方、就寝前の時間に気持ちが崩れてしまうこともあるが、A児なりに落ち着ける方法を探し、場所の移動や心の支えになるもの、頼ることのできる職員などを見つけている。日常生活についても、服の着脱は自分でできるようになった。排泄に関しても、尿意は伝えられるようになり、失敗もあるが、徐々に自信をつけているようである。

療育の時間では、より他児を意識できるようなってきた。おもちゃの取り合いなど、他児とのぶつかり合いも起こるようになり、自分の思いと他者の思いに気づくようになってきた。そのなかで、自分がしたいことも明確になってきており、意欲的な姿が見られるようになった。また、集団での活動にも徐々に慣れ、他児とともに楽しみ喜ぶ姿も見られるようになってきた。

なお、母親からはA児と一緒に暮らしたいという希望が出ているため、今後は家庭復帰へ向けた支援が必要になってくる。ただし、A児が自宅へ戻ることを希望しているか確認することと家庭復帰してからの具体的な生活の見通しを明確にしていくことが必要である。具体的には、家庭復帰に向けて、週末や長期の休みなどを使い、母親と家庭で過ごすという経験が必要である。家庭復帰がいつごろになるかはわからないが、A児も施設の生活が長くなっているため、母親と暮らすことによって新たな環境への適応を迫られることになる。そのために、徐々に慣れていくための経験が必要になる。

また、今後は就学に向けても支援が必要になってくる。就学に関しては、障害の程度が軽度であることと、母親の希望もあり、現時点では特別支援学校の小学部ではなく、地元の小学校への進学を考えている。集団生活については、Z施設における小集団での療育を通して友だちのなかで活動するという経験を重ねてきているため、以前に保育所で起きたようなクラスに馴染めないという状況は起こったとしても長くは続かないと考えられる。

就学に関しては、母親の経済状況からフルタイムで働くことになるため、学校が終わった後の生活に対する支援も必要になる。具体的には、放課後等デイサービス[*6]を利用していくことになると思われるが、そこでの生活に

＊6　**放課後等デイサービス**
学校に就学している障害のある子どもに対し、放課後や夏休み等の長期休暇中において、生活能力の向上のために必要な訓練等を継続的に提供して自立を促進するとともに、放課後等の居場所づくりを推進するための事業をいいます。

＊7　**障害児相談支援**
障害のある子ども、もしくは支援が必要な子どもの相談に応じ、障害児支援利用計画の作成、福祉サービスの利用援助を行う支援をいいます。また、継続して適切に支援が受けられるよう利用計画の見直し等に関する支援も行います。

も慣れていく必要がある。そのために、地域にどのような放課後等デイサービスがあり、Ａ児が楽しく通えるところはどこかを探していく必要がある。そして、地域の障害児相談支援[*7]事業者とＺ施設が連携をとり、家庭復帰からの地域移行がスムーズに行われるよう準備をする必要がある。

2　支援の視点

- 本事例のＡ児は、夜に寝付けないことによって生活リズムが崩れている状況であった。入所施設においては、生活全般を通して日中に充実した楽しい時間を過ごし、夜はしっかりと睡眠を取るという生活をめざす。そのため、まずは決められた時間に起床し、生活リズムを整えるという視点を持って支援していくことが必要である。
- Ａ児は保育所の大きな集団に入ることができず、クラスに馴染めないという経験をしていた。それまでも集団生活の経験がなかったため、Ｚ施設における療育のなかで、集団の経験を積んでいくことになった。そこで、まずＺ施設の保育士は１対１の関係を大切にしながら、人との関わりやこの人と一緒にいたら楽しいことが待っているという信頼関係をつくっていった。そして、Ｚ施設におけるほかの子どもとの関わりも大切にしていった。Ｚ施設の幼児はＡ児を含めて５人のため、小集団のなかでじっくりと関わることのできる活動を通して、Ａ児は自分の思いに気付くことや、みんなと遊ぶことは楽しいということを経験できるようになっていった。
- 自分の子どもに障害があると認めることは保護者にとって大きな困難を伴う。そのため、健診時に「子育ての不安の解消」という視点から支援を始めると、「子育ての支援を受ける」という感覚で抵抗なく受け入れる保護者も多い。また、本事例のように健診に来なかった保護者をフォローしていくところから支援につながっていくこともある。保護者がどこかにつながることのできる仕組みづくりが大切である。
- 本人と家族が再び一緒に暮らすことを希望している場合は、家庭復帰へ向けた支援が行えるよう、子どもと母親の関係維持や家族の育児不安の軽減、地域での生活に向けた準備を行っていく必要がある。また、施設を退所して家庭に戻ったあとの地域生活が円滑に行えるよう、地域の関係機関との連携を深めておく必要がある。本事例の場合は、学校が終わったあとの生活について放課後等デイサービスの利用が考えられるため、Ａ児に合った放課後等デイサービスに通えるよう、退所前に体験できる機会などをつくっていくことが求められる。

✣ 演習課題 ✣

1 小集団を生かした療育や保育の方法を考えてみましょう。
2 本事例における家庭復帰に向けた支援について個別支援計画を作成してみましょう。

Section 2 児童発達支援センターの事例

1 支援の過程

本人等のプロフィール

- B児（3歳）：男児。2歳4か月のとき、療育センターにて自閉症スペクトラム症／自閉症スペクトラム障害（以下「自閉症スペクトラム障害」）と診断された。2歳6か月より療育センターの療育グループに月2回通い、3歳より児童発達支援センターに通所し、療育を受けている。
- 母親（35歳）：専業主婦。B児のパニック行動に困惑し、イライラすることが多い。B児のことを理解したい気持ちは強いが、どうして良いのかわからないため、頭ごなしに叱りがちである。
- 父親（36歳）：会社員。B児の育児に関わりたい気持ちはあるが、仕事で多忙なため、育児の大半は母親に任せきりである。

ジェノグラムを作成してみよう

B児が児童発達支援センターを利用するに至った経緯

B児は、乳幼児健康診査（1歳6か月児健診）で、意味のある発語がなく、話しかけても視線が合いにくい様子であったため、保健センターでの経過観察となった。母親は、B児の妊娠・出産・出産後の経過も順調であったため、言葉が少し遅れているだけで、そのうちきっと言葉が出ると信じていた。しかし、B児は2歳になっても言葉が出ず、さまざまな場面でパニックを起こすことが増えてきたため、母親は再度、保健センターに相談に訪れた。そこで、保健師から市内の療育センターを紹介され、相談の予約を入れ、B児とともに訪れた。

療育センター[*8]では、B児とともに心理担当職員の面談を受け、続いて医師の診察を受けた。医師はB児の様子や母親の話、心理担当職員の面談結果を受けて、B児は自閉症スペクトラム障害の可能性があるため、今後の支援を検討するために発達検査（新版K式発達検査2001）を受けるように母親に勧めた。母親は大きなショックを受けたが、医師と心理担当職員はこれまでの育児の大変さに理解と共感を示し、B児の状態は育て方の問題ではなく、生まれつきの特性であるとの説明を行った。母親はその言葉に安堵し、発達検査の予約を入れた。

後日、発達検査を受けた結果、B児は認知・適応面と言語・社会面に遅れが見られ、療育手帳の取得対象（中度）であり、療育の必要性が認められた。医師は、B児は自閉症スペクトラム障害であることを母親に丁寧に説明し、年度替わりまでの半年間は月2回母子での療育グループへの参加、新年度の4月からは療育センター内にある児童発達支援センターへ通所することを勧めた。母親は、親身な対応に納得し、療育グループへの参加と児童発達支援センターへの通所を決め、療育手帳の取得手続きを行った。

児童発達支援センターの利用には、障害児通所支援のサービス支給決定が必要である。そのため、B児の母親は居住している区に子どもの発達や障害、家庭の状況などを記載した障害児支援利用計画案を提出し、障害児通所支援のサービス支給決定を受け、児童発達支援センターとの契約を行うことになった。この契約に基づいて、B児は児童発達支援センターに通所できることになった。

＊8　療育センター
障害のある子どもに対して、一人ひとりに合った治療・保育・教育を行う施設のことをいいます。地域によって異なりますが、療育センター内には児童発達支援センター、障害児入所施設が併設されている場合も多く、複合的な施設としてさまざまな支援が提供されています。

B児の障害特性

B児には言語発達の遅れがあり、2歳6か月で単語が2～3語出る状況であった。そのため、自分の思いが相手に伝わらないとパニックを起こすことが多く、母親はその対応に苦慮していた。また、顔に水がつくことを嫌がる（触覚過敏）、突然の大きな音に苦痛を感じる（聴覚過敏）、特定の味付けを嫌がる（味覚過敏）などの感覚過敏があり、そのことでパニックを起こすことが多く見られた。特に、入浴時に顔にお湯がかかることを極端に嫌がり、泣き叫ぶ様子がしばしば見られた。また、気持ちを落ち着かせたいときには両手をヒラヒラさせたり、扉を開けたり閉めたりを繰り返す常同行動[*9]が見られた。

日課は、大好きな電車の図鑑を1ページ目から最後まで読み、おもちゃの電車を一つずつきれいに並べることであり、途中でその作業を止めようとするとパニックになり大声で泣き叫んだ。母親はB児が度々パニックを起こすことにイライラして、大声で叱ったり、制止したりすることもあった。

＊9　常動行動
両手をひらひらさせたり、扉を開けたり閉めたり、ぐるぐる回ったりするなど、同じ行動を無目的に繰り返すことをいいます。原因としては、何かを訴えたい、気持ちを落ち着かせたい、刺激がほしいなどが考えられます。

療育グループでのB児の様子

B児は、2歳6か月で療育センターの療育グループに月2回母子で参加するようになった。B児は、療育グループに参加直後は部屋に入れず、保育士に話しかけられてもあまり反応せず、大好きなおもちゃの電車を一列にきれいに並べることに集中していた。母親は、そのようなB児を見て叱ることもあったが、保育士はB児にとって初めての場所は不安を感じるものであり、それは他児にも見られることで特別なことではないと母親を励まし、焦らずスモールステップで進めていくことを伝えた。

療育グループでは人と視線が合わず、人との関わりでつまずいているB児に対して、「保育士を意識できるようなること」を目標として支援内容が設定された。保育士は焦ることなく、部屋の入口付近で一緒に電車図鑑を見て話しかけたり、他児の集団療育の様子を遠くから一緒に眺めたりすることを続け、B児との信頼関係を構築することに努めた。同時に保育士は、B児の母親の悩みにも毎回耳を傾けた。母親は夫が多忙なため、育児で孤独感を感じていることやB児のパニック行動にイライラしてしまうことを訴えた。保育士からは、通所予定の児童発達支援センターでは父親参観があることやパニック行動については一緒に解決の糸口を探って行こうとの話があり、ともに歩もうとする姿勢が示された。

集団療育が始まって3か月が経過すると、B児は保育士を意識し、その働きかけや指示で少しずつ動けるようになり、母親とともに手遊びやリズム遊びに参加できるようになった。また、B児は大好きな電車に関する単語が2〜3語出るようになった。B児は、自ら進んで他児と関わろうとはしなかったが、他児の様子を目で追う様子も見られた。

母親も保育士に悩みを話したり、他児の母親と交流したりすることで気持ちが楽になり、笑顔も見られるようになった。B児への接し方にも変化が見られ、頭ごなしに叱ることは少なくなっていった。

通所予定の児童発達支援センターは同じ敷地内にあるため、事前に見学の機会を設け、下駄箱の位置や部屋などを見て確認をし、B児が安心して児童発達支援センターへ移行できるような支援を行った。

児童発達支援センターにおける支援の実際

B児が3歳の4月から、児童発達支援センターへの通所が始まった。最初の2か月は母子通園であり、その後、子どもの実態に合わせて通園バスを使った単独通園になる。B児は、同じ敷地内の療育センターで療育グループの集団療育を6か月経験し、事前の見学も行っていたため、パニックになることなく移行することができた。

児童発達支援センターでは、医師の診察、療育グループの保育士・心理担当職員の意見、保護者の意向などをふまえ、Ｂ児の療育課題として、以下の４点を設定した。

①日課を通して生活リズムを整える

４月当初は、Ｂ児が新しい生活に慣れることを第一に考え、朝の会や帰りの会など、日課を通して生活リズムを整えるようにした。生活に見通しが持てるようにするとともに、Ｂ児のペースに合わせた活動を多くした。

②保育士と好きな遊びを通して共感する

保育士とはＢ児の大好きな電車について話したり、遊んだりする時間を保障した。そして、Ｂ児が主人公となって楽しめる遊びを通して、共感し合い、信頼関係を構築するようにした。

③他児を意識する

療育グループでは他児との積極的な関わり合いが見られなかったＢ児に対して、クラス集団で過ごす時間を大切にし、おもちゃの取り合いなどのぶつかり合いを通して、他児を意識することを積み重ねられるようにした。

④言語・認識を育てる

言語発達に遅れがあるＢ児に対して、言語理解を促すため、説明するときは言葉のみではなく、具体的に絵や物を見せて視覚的に理解できるようにした。また、短い文でも区切りながら少しずつ指示を入れ、確認して進めた。

以上の療育課題のもと、Ｂ児は行動に落ち着きが見られるようになり、言葉も少しずつ増え、不安なときに回数が増える常同行動も減ってきた。当初は、保育士からＢ児への働きかけが中心であったが、保育士に慣れるとＢ児から、好きな電車図鑑を一緒に読んでほしいと持ってきたりするようにもなった。他児との関わりは、他児を目で追うだけでなく、出席のシール貼りやリズム遊びなどで他児の行動を見てまねようとする様子も見られ、意識し始めていることがわかった。

母子通園の期間も終わり、単独通園になったが、乗り物好きのＢ児は通園バスに乗れることが嬉しいようで、通園バスの停車場所で母親と別れ、元気に通っている。母親は、Ｂ児が単独通園になり、おたより帳を通して保育士からパニック行動などについてアドバイスをもらうことでＢ児を頭ごなしに叱ることもなくなり、同時に自分の時間もできたことで気持ちが安定してきた。また、児童発達支援センターでは、母親とは別に父親参観も年２回設けられており、Ｂ児の父親も参加し、子どもの成長した姿を見たり、外遊びを体験したり、母親を通してではなく、直接保育士と話をする機会もあった。

そして、参観後は母親との会話のなかでＢ児の成長を喜び合い、気持ちを共有することができるようになった。両親は保育士と相談のうえ、Ｂ児が１年間児童発達支援センターに通所した後は、保育所への入所を希望している。保育士は保育所等訪問支援 *10 があることを両親に説明し、児童発達支援センターは引き続きＢ児の支援を行う予定である。

＊10　**保育所等訪問支援**
保育所等に通う障害のある子どもについて、通っている施設等を訪問し、障害のある子どもおよび保育所の職員に対して、集団生活に適応するための専門的な支援や支援方法の指導等を行うものです。

障害特性への支援の実際

Ｂ児は、感覚過敏があり、そのことでパニックを起こすことが多く見られた。特に、自宅での入浴時に顔にお湯がかかることを極端に嫌がり、泣き叫ぶ様子がしばしば見られた。それは、児童発達支援センターの水遊びの時間にも見られ、Ｂ児は水着に着替えることをかたくなに嫌がり、水遊びの時間になるとパニックになった。

児童発達支援センターでは、プールについても、たらいや水量が少なく浅めの小さなプール、水量が少し多い大きなプールと子どもの実態に合わせて段階的に参加できるようにしている。そこで、保育士はまず遠くから、Ｂ児とともに他児の水遊びの様子を見ることを始めた。そして、Ｂ児が興味を示したころを見計らい、足元に水をかけたり、じょうろで水をかけると回るおもちゃで遊んだり、たらいの中からおもちゃを拾ったりする遊びを行い、Ｂ児が徐々に水に慣れていくようにした。

また、母親とも相談をして、自宅での入浴時にお湯を手ですくって頬につけたりすることを試すなど、連携を取ってスモールステップで進めていくようにした。そうすることで、最終的にＢ児は頬にお湯や水がついても平気になり、パニックを起こすこともなくなった。また、小さなプールに足元まで入ることができるようになり、プールのなかでおもちゃ拾いを楽しめるようになった。

2 支援の視点

- 本事例では、母親の行動がきっかけではあるが、保健センター、療育センター、児童発達支援センターへの移行支援が順調に進んでいる。障害児にとって早期発見・早期対応・早期療育の一貫した支援は重要であり、保健師や保健センターの職員は早期発見・早期対応を心がけ、療育センター・児童発達支援センターにおける早期療育につなげる必要がある。
- 本事例の「障害特性への支援の実際」の通り、障害児を支援するうえでは、子どもの実態に合わせたスモールステップの支援、障害特性への理解・配慮、子どもの育ちに寄り添った支援が重要である。保育士には、子どもの意思を尊重したうえで、保護者と連携しながら子どもの力を引き出す支援が求められており、その専門性の向上は喫緊の課題である。

・障害児に対する支援では、本人だけではなく、家族も含めた全体的な支援が必要である。本事例でも、母親の心に寄り添った支援・連携が行われており、そのことで母親の精神も安定し、B児の接し方にも良い影響を与えている。現在は育児環境が多様化しており、孤独な育児、ひとり親家庭での育児など、さまざまな悩みを抱えたケースも多い。そのため、必要に応じて医療・保健、福祉、教育など各専門機関が連携・協働することが不可欠である。

✣演習課題✣

3　児童発達支援センターの保育士は、子どもの障害特性にどのように関わり、支援していくことが重要か具体的に考えてみましょう。

4　保健センター、療育センター、児童発達支援センターへの移行支援を順調に進めるには何が大切か考えてみましょう。

【参考文献】

Section 1

●近藤直子・全国発達支援通園事業連絡協議会編『療育って何？—親子に笑顔を届けて—』クリエイツかもがわ　2018年

●日本相談支援専門員協会編『障害のある子の支援計画作成事例集—発達を支える障害児支援利用計画と個別支援計画—』中央法規出版　2016年

Section 2

●全国保育問題研究協議会編『障害乳幼児の発達と仲間づくり』新読書社　2001年

●柴崎正行・太田俊己監修、高倉誠一・広瀬由紀・相磯友子編著『イラストでわかる はじめてのインクルーシブ保育—保育場面で考える50のアイデア—』合同出版　2016年

●喜多一憲監修、堀場純矢編『みらい×子どもの福祉ブックス 社会的養護』みらい　2017年

●学びを振り返るアウトプットノート

年　月　日(　)　第(　)限　学籍番号..................　氏名..

❖ このChapterで学んだこと、そのなかで感じたこと（テーマを変更してもOK）

❖ 理解できなかったこと、疑問点（テーマを変更してもOK）

発展編

社会的養護の課題と展望

●イメージをつかむインプットノート

Section 1・2 のアウトライン

社会的養護では、政策的に家庭養護の推進と施設の小規模化・地域分散化が進められています（p.169）。

また、Section 2では、Section 1で述べた状況をふまえて、社会的養護の課題と展望について取り上げます（p.171）。

Keyword

- ☑ 新しい社会的養育ビジョン
- ☑ 都道府県社会的養育推進計画
- ☑ 里親
- ☑ 社会的養護
- ☑ 小規模化・地域分散化

Section 1 社会的養護に関する政策動向

3分 Thinking

- 社会的養護に関する政策動向をふまえて、今後、子どもたちやあなたが社会的養護に関わる施設などで働くうえでどのような影響があるか考えてみましょう（影響がないという意見もＯＫ）。

1 「新しい社会的養育ビジョン」

要約 2017（平成29）年に公表された「新しい社会的養育ビジョン」では、「社会的養護の課題と将来像」（2011［同23］年）が全面的に見直され、高い目標値を掲げて里親委託を最優先する提言がなされました。その後、2018（同30）年に「都道府県社会的養育推進計画の策定要領」が出され、それを具体化していくことになりました。

①近年の政策動向

2011（平成23）年に公表された「社会的養護の課題と将来像」では、家庭的養護の推進や施設の小規模化・地域分散化が提起されましたが、2017（同29）年の「新しい社会的養育ビジョン」（以下「ビジョン」）ではそれが全面的に見直されました。具体的には、就学前の子どもの施設入所を原則停止し、高い数値目標を短期間で設定した里親委託を推進する提言がなされたため、関係者の間で大きな議論を呼びました。

その後、2018（平成30）年に「都道府県社会的養育推進計画の策定要領」（以下「推進計画」）が出され、里親委託率は「乳幼児は7年以内に75%」「学童期以降は10年以内に50%」などとする方針を示したうえで、都道府県は2019（令和元）年度末までに新たな「推進計画」を策定することになりました。ここで児童養護施設は、おおむね10年程度での小規模かつ地域分散化と高機能化・多機能化が進められることになりました。

その後、2019（令和元）年度末までに自治体ごとに策定された「社会的養育推進計画」（以下、計画）では、3歳未満及び3歳以上の幼児の里親委託率の目標値は約9割の自治体で厚生労働省が示した数値より低く設定されました。この状況を踏まえて、厚生労働省は2020（同2）年8月に計画における里親等委託率の数値目標や里親の推進に向けた取り組みを「見える化」したうえで各自治体に個別に助言を行ったり、2021（同3）年2月にも通知（里親委託・施設地域分散化等加速化プラン）を出したりするなどして、里親委託や施設の地域分散化をさらに推進しています。

②「ビジョン」と「推進計画」の問題点

「ビジョン」は、児童相談所の機能強化や市区町村における子ども家庭支援体制の構築など、評価できる点もあります。しかし、短期間の議論で極端な目標値を掲げたことや、関係団体や里親・施設経験者などの参画がないままに提起されたことに批判があります。

「ビジョン」とそれに基づく「推進計画」で懸念されることは、里親への支援体制が構築されていないなかで、現実離れした数値目標を掲げて里親を推進することによって、Chapter 1で述べた「フォスターケア・ドリフト」*1問題が起こる危険性があることです。さらに、全国児童養護問題研究会が指摘するように、家庭養護でなければ愛着関係を築けないわけではないため[1]、形態論ではなく、実態に即した議論がなされる必要があります。

実際に里親が中心の欧米諸国では、特に10代以上の子どもはマッチングが困難で、里親で不適応を起こしていることや、里親では対応できないケースも少なくないことから、施設の必要性が改めて認識されている状況もあります[2)3)4)5)6)]。

また、里親はメリットだけではなく、外部の目や逃げ場がないという意味では人権侵害や問題が起きやすく、起きても発覚しにくいという負の側面もあります。実際に、里親は負担の大きさに加えて、里子との関係が不調で委託を解除されたケースも少なくないことが指摘されています[7]。

そうしたことも含めて、里親への支援体制を十分に整備しないまま、高い数値目標を短期間で設定した「ビジョン」と「推進計画」は、多くの課題を抱えているといえます。

＊1　**フォスターケア・ドリフト**
p.22を参照のこと。

社会的養護の課題と展望

- これまでの学びもふまえて、日本の実態に即した社会的養護のあり方について考えてみましょう（違いがないという意見もＯＫ）。

1　児童養護施設の小規模化・地域分散化

要約 児童養護施設では近年、政策的に小規模化・地域分散化が進められるなかで、職員の労働環境が変化してきています。

児童養護施設（以下「施設」）では近年、政策的に小規模化・地域分散化（以下「小規模化」）が進められるなかで、宿直や一人勤務の増加などの労働負担に加えて、職員の確保・育成が困難になってきています[8)][9)]。

この点について「ビジョン」では、養子縁組家庭や里親家庭では対処することができず、子どもが家庭生活に拒否感を持っているなどの場合、「できる限り良好な家庭的環境」として、地域小規模児童養護施設や分園型グループケアを指したうえで、「ケアニーズが高い子どもが入所する状況になれば、４人以下で運営できるようにすべき」としています。これは「推進計画」においても小規模かつ地域分散化の例外として反映されていますが、現実には人数が減るほど距離が近くなり、精神的なストレスが増えることに加えて、子ども・職員双方の逃げ場がなくなることをふまえる必要があります。

次に施設の地域分散化についてみていきます。施設ではそれを実現していこうとするなかで、多くの課題に直面しています。例えば、地域小規模児童養護施設では近年、職員配置が改善されつつあるものの、一人勤務が増えるため、職員が交替勤務のなかで勤務が重なる時間を十分に取ることができず、新人職員がベテラン職員から学ぶ機会を得られないこと、閉鎖的な環境のなかで職員が孤立・疲弊しやすいこと、それらを背景として早期離職に至りやすいなどの問題が指摘されています[10)]。

また、本体施設における小規模化（ユニットケア）においても、宿直や一人勤務などが増えて職員が疲弊し、職員の確保・育成が困難になっていることが指摘されており[11)]、この状況でさらに地域分散化を進めれば、施設運営に支障をきたす状況になりかねません。地域小規模児童養護施設と分園型小規模グループケアは、前述したように子ども６人：職員６人の予算措置がなされたものの、そこまで職員を配置できている施設は少ないことや、本体施設のサポートがなければ労働基準法を守ることが困難です。

そのため、地域分散化ありきではなく、ユニット化した本体施設も必要といえます。実際に、建物の構造を工夫したユニット（生活単位）によって職員の孤立を防いだり、労働負担を軽減したりして、子どもと職員双方の人権保障を大切にした実践をしている施設もあります[12)]。また、小規模化した施設では、方針の共有、会議の工夫、産休・育休や有休の保障、若手職員が意見を言いやすい雰囲気づくりなどのさまざまな取り組みによって、職員の孤立や労働負担を軽減しています[13)]。

施設や里親家庭は、子どもの生活の場であるため、多少の自己犠牲はやむを得ない面もありますが、その結果、職員や里親が孤立して問題を抱え込み、疲れきって数年で燃え尽きていては、結局は子どもにしわ寄せがいくことになります。そのため、ケアの受け手（子ども・親）とにない手（職員・里親）双方の人権を一体的に保障する仕組みを早急に整備する必要があります[14)]。

2　社会的養護の課題と展望

要約 社会的養護は現在、施設養護から家庭養護へ大きく政策転換される方向で進んでいますが、さまざまな課題も抱えています。

「ビジョン」は、社会的養護の関係者だけではなく、大手新聞社の記事でも取り上げられるなど、社会的にも大きなインパクトを与えました。それに基づいて、2018（平成30）年７月には「推進計画」が出され、都道府県は2019（令和元）年度までに新たに計画を策定することになりましたが、それを運用していく段階においても、多様な意見を政策に反映させる取り組みが必要です。

一方で、近年、施設における職員配置基準の改善や、2017（平成29）年に予算化された「社会的養護処遇改善加算」*2など、一見すると制度が改善しているようにみえます。しかし、社会全体でみていくと、大企業の経常利益や内部留保、株主配当が増え続けているにも関わらず、実質賃金は低下しています。さらに、労働法制の規制緩和を背景として雇用が劣化し、精神障害の労災請求･認定件数の増加や、非正規雇用が４割を超えるなど、働く人々の労働・生活問題が深刻化しています。

そうしたなかで、政府は2013（平成25）年に子どもの貧困対策法を成立させる一方で、同年に生活保護基準の生活扶助基準を引き下げるなど、矛

＊２　**社会的養護処遇改善加算**
民間児童養護施設職員等について、業務内容を評価した処遇改善を行うとともに、職務分野分のリーダー的業務内容等を評価した処遇改善を実施することにより、業務の困難さに応え、人材確保と育成を図ることを目的とした加算制度です。研修等の受講により、月額5,000～3万5,000円が支給されることになっています（2017［平成29］年度より適用）。

盾した政策が続いています。そのため、「ビジョン」を含む制度改革についても、そのねらいを正確につかむ必要があります。

また、ケアの受け手とにない手双方が抱えている労働・生活問題の背景には、制度の貧困さがあるため、それを改善するための関係者によるソーシャルアクションも不可欠です。さらに、施設と里親が分断されることがないよう、両者の協働的な関係を築くための取り組みも求められています。

【引用文献】

1）全国児童養護問題研究会「『新しい社会的養育ビジョン』に対する意見」2017年

2）資生堂社会福祉事業財団『第37回（2011年度）資生堂児童福祉海外研修報告書―スウェーデン・デンマーク児童福祉レポート―』2012年　p.51

3）マーク・E・コートニー、ドロータ・イワニーク著、岩崎浩三・三上邦彦監訳『施設で育つ世界の子どもたち』筒井書房　2010年

4）マーク・スミス、レオン・フルチャー、ピーター・ドラン著、楢原真也監訳『ソーシャルペダゴジーから考える施設養育の新たな挑戦』明石書店　2018年

5）資生堂社会福祉事業財団『第33回（2007年度）資生堂児童福祉海外研修報告書―パリ・ロンドン―』2008年　p.62

6）資生堂社会福祉事業財団『第39回（2014年度）資生堂児童福祉海外研修報告書―フィンランド・オランダ児童福祉レポート―』2014年　p.93

7）入江拓「社会から正当な関心が払われにくい『不調による措置変更』を体験した里親たちが眺める風景とその構造」『養子縁組と里親の研究―新しい家族―』第62号　創英社　2019年　pp.93-121

8）黒田邦夫「児童養護施設における『小規模化』の現状と課題―『小規模化』は施設間格差を拡大している―」子どもと福祉編集委員会編『子どもと福祉』Vol. 6　明石書店　2013年　pp.64-68

9）みずほ情報総研株式会社『児童養護施設等の小規模化における現状・取組の調査・検討報告書』2017年

10）子どもと福祉編集委員会編『子どもと福祉』Vol. 3　（特集：児童養護施設の小規模化）　明石書店　2010年　pp. 4-28

11）前掲8）及び堀場純矢（2022）「児童養護施設の小規模化による子ども・職員の変化と課題--労働組合の有無別・職階別のインタビュー調査から」『いのちとくらし研究所報』第77号　pp.51-61

12）前掲8）及び堀江美希「風通しの良い職場を目指して」『子どもと福祉』Vol.6　明石書店　2016年　pp.12-13

13）堀場純矢「児童養護施設における小規模化の影響―職員の労働環境に焦点を当てて―」『生協総研賞・第14回助成事業研究論文集』公益財団法人生協総合研究所　2018年　pp.56-70

14）井上英夫「人権の旗を掲げよう」日本医療労働組合連合会『医療労働』No.526　日本医療労働組合連合会　2010年　p.6

●学びを振り返るアウトプットノート

年　月　日(　)　第(　)限　　学籍番号　　　　　　　氏名

❖ このChapterで学んだこと、そのなかで感じたこと（テーマを変更してもOK）

❖ 理解できなかったこと、疑問点（テーマを変更してもOK）

❖演 習 課 題❖

1. 「新しい社会的養育ビジョン」と「都道府県社会的養育推進計画」が、子ども・施設職員・里親にどのような影響を及ぼすかについて考えてみましょう。
2. 児童相談所・施設・里親がどのように協働して、社会的養護で暮らす子どもと親を支援していくかについて考えてみましょう。

○ コラム⑤「日本は施設が多い」はウソ!? ―社会的養護に真に求められるもの― ○

「日本の社会的養護は施設偏重で里親が少ない」と多くの関係者が口にします。国は、2017（平成29）年の「新しい社会的養育ビジョン」で施設と里親の割合を大きく転換することを掲げました。「すべての子どもに家庭を」という、一聞すれば正当そうなスローガンですが、施設で暮らす子どもを里親に移せば子どもの福祉は向上するのでしょうか。

まず、日本は本当に施設が多いのでしょうか。先進諸国のなかでも子どもの貧困が際立っているにも関わらず、日本は表８－１のように社会的養護下の子どもの人口比が非常に少なくなっています。保護される子どもの数が少ないため、施設で暮らす子どもが多く見えますが、これは人口比でアメリカと同等、ドイツの３分の１です。決して多いと言える人数ではありません。

一方で里親が少ないのは、数値的に明らかです。里親が多い国では親類や近隣の知人による養育を推奨しているのに対して、日本では親族里親制度の認知と利用が進んでいません。親族等による養育を里親として認定すれば、里親の数は桁違いに増えるはずですが、その動きは見えません。国連も、見ず知らずの里親への委託や、住み慣れない地域への移動は賛同していません。養育者の変更によって、子どもが転校や見知らぬ地域での生活を強いられることを避けるべきです。

「施設か、里親か」の二元論ではなく、実親も含めて地域で子どもを支える、新たな社会的養護の仕組みが必要です。

表８－１　社会的養護の国際比較

国名	総人口	社会的養護総数（人口比）	里親等	施設等
日本	12,706万人	39,672人 (0.03%)	5,629人	34,043人
イギリス	6,180万人	65,520人 (0.11%)	48,530人	5,890人
ドイツ	8,175万人	148,065人 (0.18%)	61,894人	65,367人
アメリカ	32,010万人	384,951人 (0.12%)	301,867人	83,084人

注１：イギリスとドイツでは、里親や施設での支援以外にも「集中的な個別支援（治療施設）」があるため、「里親等」と「施設等」の合計が「社会的養護総数」と一致しません。

出典：日本：厚生労働省（2014）
イギリス：Department for Education（2011）
ドイツ：Statistisches Bundesamt, Wiesbaden「Children and youth welfare in Germany Educational assistance Outside the parents'home」（2012）
アメリカ：Adoption and Foster Care Analysis and Reporting System (AFCARS) FY (2009)

対応困難Q&A

ここでは、より実践に生かす力を養うために、基礎編・事例編で学んだ内容もふまえながら、社会的養護の支援に関わるさまざまな事柄に関してQ＆A形式で学んでいきます。

虐待を受けた子どもへの対応はどのようにしたらよいでしょうか（試し行動や暴力・暴言、自傷行為等も含めて）。

施設には虐待を受けた経験のある子どもがたくさん生活しています。虐待を受けて入所した子どものなかには、職員の声かけにすぐに応えて行動したり、声をかけなくても自分で気付いて行動する、ちょっと無理をして生活に馴染もうとしているように思える子どもがいたりします。一方で、就寝時間をわざと守らなかったり、職員に言われても部屋の片付けをしなかったりするなど、施設のルールを破っていこうとする子どももいます。また、職員がほかの子どもの世話をしているときに声をかけられ、手を離すことができず、その子どもにすぐに対応できなかったりすると、突然怒り出し、壁を殴ったりドアを蹴ったりして暴れてしまう子どももいます。

このような子どもたちに出会ったとき、職員の気持ちは揺れ動くものです。子どもの試し行動や、暴言・暴力を受けると職員自身がイライラしてしまったり、ときには怒りたくなってしまうこともあります。こうしたときは、子どもと関わる大人のなかに生じるイライラや怒りなどの感情に気付くことが大切ですが、自分自身の気持ちに目を向けるのはなかなか難しいものです。そこで、仲間の職員などとその子どもについて話してみるのもよいと思います。仲間があなたのなかに生じた気持ちに気付かせてくれることもあります。

虐待を受けた子どもが試し行動や暴言・暴力などの行為をするのは、それまで家庭のなかでその子どもが行ってきた自分に関心を向けさせるための方法かもしれません。もしそうであるのなら、そのような方法でなくても職員は常に関心を向けていることを子どもに気付かせることが大切です。その方法は毎日の生活のなかにあります。生活のなかで子どもと関わる大人は、子どもたちの小さな変化に気付き、子ども自身が大切にされていることを感じられるようにいつも声をかけてあげることが大切です。

また、子どもたちのさまざまな行動により職員の内面に生じる気持ちは、子ども自身が抱いている気持ちと同じかもしれません。そうだとすると、子ども自身もイライラしたり、怒りたくなったりしているのではないでしょうか。そのことから子どもの気持ちを理解する手がかりにすることができ、子どもに「イライラしているみたいだね」などと話しかけ、子ども自身に自分の気持ちに気付かせ、一緒に考えるための糸口にすることできます。

しかし、なかには自傷行為が激しかったり、とても不安定な状態が続いていたりして、重大な事故につながることが考えられる危険な状態の子どももいます。その際には、施設のなかだけで対応するのではなく、児童相談所や医療機関などの他機関と連携することも忘れてはいけません。

 虐待をしてしまった保護者への対応についてはどのようにしたらよいでしょうか。

筆者が児童養護施設で働いて３年目のとき、面会に来ていた入所児童の父親から、「息子の名前を呼び捨てしている職員がいるが絶対に許さない」とお叱りを受けたことがありました。実は子どもを呼ぶとき、名前を呼び捨てで呼んでしまったことから、職員・施設への不信感につながってしまっていたのです。また、保護者のなかには、自分の行為（虐待）を反省し、子どもとの別れを悔やむ保護者がいる一方で、自らの行為が「虐待」にあたるという認識が低い場合や、子どもと離れて生活することに納得がいかず、「子どもを奪われてしまった」という思いから、児童相談所などの関係機関や施設に対して不満を感じたり、不信感を抱いたりする場合もあります。

このように、保護者との関係はマイナスから始まる場合もありますが、どのような保護者に対しても敬意を払い、言葉一つにも配慮しながら丁寧で温かみのある対応をすることがまずは求められます。

保護者が虐待に至った経緯や背景は、さまざまな要因が複雑に絡み合っており、その保護者自身も親から虐待を受けて育ってきたケースも少なくありません。そのため職員は、家族の構造的な問題、保護者の成育歴や地域における生活環境、経済状況などを総合的に捉える必要があり、そのような保護者の複雑な気持ちに思いをはせながら対応する必要があります。

そこで、まずは関係機関（児童相談所や学校）との密な連携により、保護者への対応を統一しておく必要があります。そして、役割分担（保護者対応の責任、助言・指導をどの機関や専門職が行うか）などを明確にし、対応記録を丁寧に残しておく必要もあるでしょう。記録は、保護者への関わりや保護者の成長を確認するときの資料にもなりますし、ケース会議や支援計画策定時など、保護者の支援に活用することができます。

また、家庭に戻ること（家族再統合）が子どもの最善の利益にならない場合でも、その保護者と子どもがより良い関係でつながっていくように取り組む必要があるでしょう。どのような場合であっても、施設と保護者が「ともに子育てをしていく」という意識を持つことが必要で、その保護者が抱く子どもへの思いを聴き、時には子どもに関する困りごとを相談しながら養育が大変だった状況を共有することができれば、保護者との距離も近くなると思います。

Q3 被措置児童等虐待への対応についてはどのようにしたらよいでしょうか。

Chapter 8までで学んできたように、社会的養護に関わる施設には、家庭で虐待を受けた子どもが多く入所しています。社会的養護に関わる施設は、そうした虐待等によって心身に傷を負っている子どもに対して、その子どもの最善の利益を中心に置きながら養育をしていく場ですが、一方でそういった施設のなかで職員等による虐待（被措置児童等虐待）が起きているという事実もあります。

本来ならば施設では、家庭で覚えてしまった暴力によるコミュニケーションではなく、愛情ある言葉によるコミュニケーションを覚え直さなければなりません。しかし、被措置児童等虐待は、家庭での虐待の傷を広げ、傷口に塩を塗り込む行為であり、暴力によるコミュニケーションを補強するものにほかなりません。こうして、子どもたちは暴力を内在化していきます。

そういった状況を防ぐために、2009（平成21）年4月に施行された改正児童福祉法により、施設職員等による被措置児童等虐待について、都道府県や市などが子ども本人からの届出や周囲の人からの通告を受けて、調査等の対応を行う仕組みが制度化されました。しかし、実際には被措置児童等虐待の数はあまり減少していません。

では、被措置児童等虐待の防止のために何をすれば良いのでしょうか。第一にできることは、各施設に設置されている第三者委員会を活用することです。第三者委員会というのは、施設が提供するサービスについての利用者からの意見、要望または苦情に関して、利用者の立場に配慮した適切な対応を図るために設置している機関です。職務内容としても、

①苦情申出人からの苦情に応じ、必要な助言をすること。

②苦情解決に関し、施設長へ必要な助言をすること。

③申出人と施設長との話し合いの際に立ち会いをすること。

④苦情内容の確認をすること。

⑤その他苦情への適切な対応に関し、助言を行うこと。
の５つであるため、もし被措置児童等虐待が起きている場合は、第三者委員会への申出・介入によって、解決していくのが適切です。なお、申出た内容に関して、第三者委員は個人情報の保護の重要性を認識し、職務上知り得た秘密を守らなければならないため、通告者が特定されることはありません。

また、市町村、福祉事務所、児童相談所および都道府県の児童福祉審議会に相談するという方法もあります。各機関に被措置児童等虐待の相談を受けた際のガイドラインがあり、それをもとにして問題解決のために対応することになっています。

少しでも被措置児童等虐待が減り、子どもが安心・安全で伸び伸びと過ごすことができる環境を施設職員や関係機関でつくっていくことが大切です。

ＤＶ被害を受けて入所した母子への支援についてはどのようにしたらよいでしょうか。

近年、母子生活支援施設ではＤＶ被害によって入所する世帯が増加しており、新規入所世帯の半数以上を占めています。それに伴い現場には、従来の支援だけでなく、ＤＶ被害を受けた母子に対する専門的な支援が求められています。ここではその内容についてふれたいと思います。

ＤＶ被害によって保護された母子世帯の多くは緊急的に逃げ出してきており、貯金はおろか身の回りの日用品なども持ち合わせていないことがよくあります。そのような世帯を保護した場合、日常生活に支障がない程度の生活環境を整えるとともに、転入した市区町村に対する「ＤＶ等支援措置」をはじめ、生活保護、児童扶養手当の申請手続きを支援して生活の基盤を整えます。

また、弁護士等と連携して、加害者との離婚の成立に向けた支援を行うこともあります。それと同時に、ＤＶ被害を受けた母親の心理的ケアを目的とした医療機関との連携が必要になることがあります。ＤＶ被害によって母親の自己肯定感が著しく低下していることもありますので、時間をかけてエンパワメントしていく必要があるでしょう。

ＤＶと同時に、子どもへの虐待が行われていた可能性もあります。そのようなときには、子どもへのケアも必要となります。子どもに対する直接的な暴力だけでなく、子どもの目の前でＤＶを行う心理的虐待（面前ＤＶ）が行われていた可能性もありますので、必要に応じて児童相談所と連携し、児童の心理的ケアも行います。入所後、これまで虐待を受けていたにも関わらず助けてくれなかった母親に対して、「なぜ自分を守ってくれなかったのか」

という感情があふれ出すこともありますので、心理的なケアだけでなく、母子間の関係性の回復を支援する場合もあります。

ＤＶ被害によって保護された世帯のなかには、加害者からの追跡行動を避けるため、住民票を異動せず、偽名で生活する母子もいます。母親の離婚調停への同行支援や、子どもの通学の見守りなどが必要になることもあります。追跡行動の可能性があるときには、事前に管轄する警察に相談しておく必要もあるでしょう。さらに、近年ではＳＮＳの普及により居場所が特定されることもありますので、利用については母子の理解を促がしていく必要があります。

ＤＶ被害母子の支援には、世帯が抱えるさまざまな問題を総合的に支援していく視点と方法が必要になります。多職種が連携するとともに、さまざまな組織・機関と協力しながら問題の解決に取り組んでいくことが求められています。

子ども同士のいじめやケンカへの対応と中高生の子どもとの関わり方についてはどのようにしたらよいでしょうか。

近年、社会的養護に関わる施設に入所する子どもの高年齢化が、問題となっています。1998（平成10）年ごろは6～11歳の子どもの方が12～17歳の子どもより多かったのですが、2008（同20）年ごろからは12～17歳の子どもが多くなりました。12～17歳の子どもというのはまさに思春期真っただなかであるため、支援方法としてはとても難しいものになってきます。

12～17歳の中高生の子どもたちと関わるときに大切になってくるのは、一人の人として意見などを尊重する姿勢です。当然乳幼児や小学生と関わる際もそうですが、中高生と関わるときにはよりそういった姿勢が大切になってきます。もちろん、ただひたすら意見を尊重するわけではなく、対等な立場で話し合いや意見交換をするなかで、子どもに大人の意見に納得してもらい、言うことを聞いてもらうときもあると思います。ただし、子どもだからすべてが間違っているわけではなく、子どもの方が正しいことを言っている場合もあるため、子どもの意見をどこまで聞けるかというところが大切になります。

また、中高生はこれからの自分の人生を決めていく一番大切な時期を過ごしていくため、職員側も自身の人生を語ることができるかどうかがとても大切になってきます。子どもたちの進路についてアドバイスをする際、「じゃあ、先生はどうやって人生を決めたの？」と聞かれたときに、例えば「親の言われた通りに決めてきた」などの回答では説得力がありません。そのため、成功したことだけではなく、失敗したこともすべて含めて話ができると子どもも真摯に聞く姿勢を持ちます。

子ども同士のいじめやケンカについての対応で一番大事なのは、いじめやケンカに対する指導をする前に、なぜその子どもがケンカやいじめをしたのかを聞くことです。施設入所前の環境では、何かあったら暴力で解決する生活を送っていなかったか、いじめを受けてきた可能性がないかなど、いじめやケンカといっても、施設ではさまざまな角度から見ていく必要があります。そして、環境的な要因で起きている場合は、子どもに暴力で解決するのではなく、言葉で解決していくことが大切である旨を伝えることや、言葉によって解決ができたという成功体験を何度か積ませることが重要になります。

 進路で悩む子どもへの対応についてはどのようにしたらよいでしょうか。

子どもが進路で悩むのは、中学生では高校進学か就職かについて、また高校生では就職か大学等（短期大学、専門学校を含む）進学かについてです。特に児童養護施設（以下「施設」）や里親家庭で育つ子どもの場合、家庭の事情も大きく関わってきます。しかし、できる限り本人の意志や希望が叶えられるように支援していくことが大切です。

例えば、家庭が経済的に困窮している場合、親の意向で子どもにすぐに就職してもらい、家計を助けて欲しいと願う親もいます。また、高校進学[*1]はできたとしても大学等への進学では学費や生活費、住居費等をすべて自分で賄っていかなければならないため、経済的負担が大きく、さまざまな不安を感じる子どもも多くいます。家庭の基盤が弱いことや虐待などがあるため親に頼れないこともあり、将来に大きな不安を抱える子どもの悩みを施設職員（以下「職員」）はじっくり聴き、気持ちを受けとめながら一緒に考えて支えていきます。

また、子どもがどのような将来を描いているのか、関心のある職業やその子の性格・個性を生かせる職業は何かを職員が子どもと一緒に話し合い、職業体験や卒園生の経験談を聞く機会を設けるなどして具体的に考えられる支援をし、子どもが本当にやりたいことを見つけられるようにします。そうした際には思いを叶えられるよう、可能性を一緒に追求することが大切です。

高校進学では、学力的なことや、今後の就職先を見据えて何らかの専門技術を身に付けられるのか、施設等から通うのかといったことが高校選択の観点

＊1
高校に進学した場合は、措置費の特別育成費にて高校教育にかかる諸経費が賄われます。

＊2
施設・里親等の措置は原則18歳までですが、その後就職や大学・専門学校等へ進学をした場合でも生活が不安定な児童や高校中退等で就職する児童など、継続的な養育を必要とする場合は、20歳に達するまで措置延長が可能であり、また20歳以降も必要と判断される場合には施設から通うことができます（「児童養護施設等及び里親等の措置延長等について」［平成23年厚生労働省通知］）。

＊3
自立援助ホームについては、2016（平成 28）年の児童福祉法の改正で、22 歳の年度末までの間にある大学等就学中の者の入所が可能になりました。

＊4
施設や里親等において、18 歳（措置延長の場合は 20 歳）に到達して措置解除された後も継続して支援が必要とされる場合、施設や里親家庭の住居に引き続き住むことや、個々の状況に応じた自立のための支援を受けることが可能となっています（厚生労働省 HP「改正児童福祉法について（第二部）厚生労働省子ども家庭局」）。

になります。また、就職については、その職業と本人の適性を見極め、長期的に勤めることができるか、職場の雰囲気にうまく馴染めるか、住居をどうするか（社員寮や下宿で一人暮らしか、自立援助ホームや現在入所中の施設 ＊2、里親家庭等から通うのか）など、さまざまな視点から子どもと話し合います。

もし、なりたい職業に就くために大学等への進学を希望する場合は、経済的にどのくらいの費用がかかるか、そのためにアルバイトでどの程度の貯金する必要があるか、奨学金を受ける手続きなどについても職員が一緒に考えて支えます。住居については学生寮や下宿、自立援助ホーム ＊3 の利用などありますが、22 歳の年度末までは施設や里親家庭から通うことも可能となっています ＊4。

進路の悩みではできるだけ子どもの思いを尊重していき、子どもが描く夢を叶えられるよう支えることが大切です。しかし、施設では子どもの意向に沿って応援していても、家族が子どもの意向に反対することもあるため、職員は子どもの思いを代弁して家族と話し合う場合もあります。その際、担当職員や家庭支援専門相談員が児童相談所と連携して保護者との話し合いが必要になることもあります。

Q7 非行の子どもへの対応についてはどのようにしたらよいでしょうか。

施設では万引き、窃盗、暴力、無断外出といった非行問題がときどき起きます。そのような問題が起きたとき、施設は関係機関や関係者と連携し問題内容を把握するとともに、子どもに事実確認し、理由を尋ね、子どもと一緒に謝罪に行くといった対応をしています。しかし、このことのみで非行を起こした子どもへの対応が終了するわけではありません。こういった問題は、より良い施設生活を考えるための大切な手がかりとなります。

子どもと関わる職員は、非行問題を起こしてしまう子どもについて考えることが大切です。考えるための材料としては、施設に入所するまでの生活環境や家族関係はどうであったのか、施設での子ども同士の関係など現在の生活はどうなのか、地域社会との関係はどうであるのかなど、いくつもあります。そして、施設にとって大切なことは、自分たちの実践について振り返ることです。その子どもをどのように理解し、職員はどのように関わってきたのかといったことを考えることが大切です。そのうえで子どもへの対応策を考えなければなりません。

今後、子どもに問題を起こさせないようにするために、厳しいルールをつくり守らせようとするだけでは、なかなか問題は解決しないものです。子ども自身が社会生活を営むためにルールを守ろうと思えるようになることが大切です。そのためには、子ども自身が自分のことを心配してくれる人がいることに気付けることが必要であり、職員の日ごろの子どもとの関わりが大切になります。

非行問題を繰り返すことなく、1度だけで終わる子どももたくさんいますが、なかには何度も繰り返してしまう子どももいます。そうすると、問題が起こる度にその子どもに対応している職員も疲弊してしまい、ときにはバーンアウト(燃え尽き症候群)してしまうこともあります。そうならないためには、職員がチームとして対応することが必要です。具体的には、一人の職員が抱え込むのではなく、同じユニットの職員で話し合い、役割を分担することが必要です。さらに、それらの職員を施設全体で支えられる職員集団であることが重要となります。

上記のように、職員ができる限りのことをして努力を重ねても、非行問題が改善せず、ほかの機関につながなければならない場合もあります。そのときに、子ども自身が今の施設での生活が継続できないことを納得できるようにしてあげることも大切なことです。そういった意味でも、職員が常に子どものために行動しているということが子ども自身に伝わるような関係づくりが必要です。

Q8 発達障害（ASD、ADHD、SLD）がある子どもの特徴と対応はどのようにしたらよいでしょうか。

子どもたちはみんな違った個性を持ち、好きなものや嫌いなもの、得意なことや不得意なことはさまざまです。そのようななかで、ここでは発達障害を「社会生活を営むうえで抱える困難」と定義して説明します。ここで取り上げる発達障害は、知的能力障害*5、自閉スペクトラム症／自閉症スペクトラム障害（ASD）*6、注意欠如・多動性／注意欠如・多動性障害（ADHD）*7、局限性学習症／局限性学習障害（SLD）*8を指します。それでは、これらの障害を有する子どもたちはどのような社会的困難を抱えているのか、まずはそこから説明しましょう。

発達障害を有する子どもたちに多く見られる特徴は、大きく分けると4つあります。1つは「社会性の障害」です。この障害に見られる特徴は、他者と上手に関わることができず、集団行動が苦手でマイペースであることです。自分の主張を通そうとする傾向が強く、通らないとパニックになることがあります。興味のあることには取り組めますが、それ以外のことには応じようとしません。

2つには「コミュニケーションの障害」です。この障害の特徴は、質問に

＊5　**知的能力障害**
状態像は「認知能力上の障害」として、理解、判断、思考、課題解決の弱さがみられます。また、「言語活用能力上の障害」として、言葉の理解、読み書き、操作の弱さがあり、「社会理解の遅れ」として、感情、情緒、社会関係上での一部遅れがみられます。

対して的確な答えが返ってこない、会話にならないことが多くあります。冗談や皮肉などの反語表現がわからず、暗黙のルールや場の雰囲気が読めないため、被害的な受け止め方をしてしまいます。また、状況説明が苦手なため、コミュニケーション自体を回避してしまうこともあります。

３つには「想像力の障害」です。興味・関心の偏りが強く、こだわり行動が見られます。ごっこ遊びが苦手な子どもや収集癖のある子どももいます。物の位置や道順を変えられず、特定の行動や儀式的行為を通して一定のパターンから外れないようにします。

４つには「行動の障害」です。この障害の特徴は、これまで見てきた障害のその他の症状として、落ち着きのなさや注意の問題（臨床上ではADHDとの合併例もあります）。そして、不器用さ、睡眠障害、感覚刺激に対する反応の異常などが見られます。また、興味・関心の傾向からもたらされる学習の偏りも見られ、学習障害との合併が懸念されます。さらに、解離症状や認知の混乱から対人関係上の困難を多く抱えています。

このように、発達障害を有する子どもたちはその障害によって「できること」と「できないこと」の差が大きいといえます。しかし、すべての発達領域が低いわけではありません。物の見方や理解・判断はいくつもの経験を通して獲得されていきます。関わる支援者はそのことを十分に理解して、できないことに目を向けるのではなく、できることに目を向けることや、達成可能な課題を設定し、苦手な所をスモールステップで支援することが大切です。

最後に、発達障害の症状を呈する障害を２つ紹介します。

１つは、反応性愛着障害です。これは「生後５歳未満までの間に、親または親に代わる保護者との間において情緒的関係形成に至らなかった状態」と定義されています。つまり、親から受けた行為が不適切であったとしても子どもはそれを認識できません。したがって、子どもはマイナスの愛着を正しい愛着と捉え形成してしまいます。幼い子どもにとって、愛着は他者と比べようもありませんから親から向けられた行為をゆがんだ愛着として獲得してしまうのです。この障害はADHDに似た症状が表面化するのが特徴です。

２つ目には、被虐待です。これまで発達障害は先天的な脳の器質的機能障害とみなされてきました。現在でもそれは変わりませんが、虐待を受けた子どもの脳は器質的機能障害を起こすことが近年脳科学の分野で明らかとなりました。被虐待児童は、発達障害と同様の症状を発症するようになる、ということです。発達障害は疾病としてのみ捉えるのではなく、育ちの側面からも捉えることが大切といえるでしょう。

＊6　**自閉スペクトラム症／自閉症スペクトラム障害（ASD）**
p.55を参照のこと。

＊7　**注意欠如・多動性／注意欠如・多動性障害（ADHD）**
注意欠如と多動性障害の二つの障害が合わさったもの。Attention Deficit /Hyperactivity Disorderの頭文字をとってADHD（AD/HD）と表記されます。

＊8　**局限性学習症／局限性学習障害（SLD）**
基本的には全般的な知的発達に遅れはないが、聞く、話す、読む、書く、計算するまたは推論する能力のうち、特定のものの習得または使用に著しい困難を示すさまざまな状態をいいます。

 性と生の支援についてはどのように考えたらよいでしょうか（LGBTQ+を含む）。

人が生きることに、社会がその性を規定することは望ましいことではありません。しかし、社会はこれまで最大多数の最大幸福によって、「こうあるべき、この方が幸福である」と判断してきたこともありました。それが正論であるかのように行われていましたが、性の問題に関してそれは正しかったとはいえないでしょう。身体的構造の差異で生き方や趣味、指向が決められることはありません。これは、基本的人権に立ち返って検討することが必要です。そこでここでは、社会から見た性と生の支援について整理していきます。

みなさんは今を生きています。現在（いま）の性を持っています。100人いれば100通りの性があります。つまり、100通りの生があるわけです。性と聞くと、多くの人は男・女と性別を思い浮かべます。そして、見た目や身体のつくりなどからジェンダー的判断をしてしまうことが多いのではないでしょうか。自分の身体と心が異なっていて戸惑いながら生活をしてきた人の話を聞くと、その人たちはたくさんの社会的困難を抱えています。その困難のなかで最も大きなことが差別です。どのような差別かというと、「見た目と中身が違うためにみんなと違う」とみなされることです。

「みんなと違う」ということのどこがおかしいのでしょうか。例えば、社会の大半の人がLGBTQ＋[*9]であったとしたならば、そうではない人がみんなと違うことになります。つまり、社会の多数によって決められているといえます。かつて、性的マイノリティといわれて、本当の自分（その人らしさ）が表現できない人がいました。社会的差別を受けていたわけです。社会から見た性と生という視点に立って差別を意識してみると、これまで個人を差別するだけではなく、グループ（同じカテゴリー）をも差別してきたように思います。

それでは、差別者にも被差別者にもならないためにはどのように考えればよいのでしょうか。一つの見解として、自分でも気が付いていないうちに差別意識を持っているかもしれない、と自らを疑ってみることが必要です。他者が自分と違うというのは当たり前のことであり、同じ個性を持った人はめったに存在しないと気付くことです。先にも触れましたが、100通りの性があれば100通りの生があるわけです。性の問題は生の問題、生きることの問題なのです。

自分と違うと感じる人と出会ったら、受け入れることが大切です。生きることを否定したり、差別したりするわけにはいきません。「性」すなわち、その人らしさを否定してはならないのです。大切なことは、自分で選び取っ

＊9　**LGBTQ+**
LGBTQ+とは、Lesbian（女性同性愛者）、Gay（男性同性愛者）、Bisexual（両性愛者）、Transgender（トランスジェンダー）Question（クエスチョン）、＋（プラス）の頭文字を並べた略称です。

た性を生きられるように、しっかりと人の話を聞くこと、そして、話をすることです。

最後に、子どもの性についてふれておきます。社会的養護に関わる人にとって、子どもの「性」に対応することはとても重要で難しいことです。とりわけ、児童養護施設などで集団生活をしている子どもたちは、発達とともに性的な刺激に対してとても敏感になっていきます。年齢の近い職員や実習に来た学生、少年漫画などから性刺激を受けることは日常茶飯事です。

施設においては、異性と交流を持たないように工夫している状況はよく見受けられますが、子どもの性的興奮を簡単に消失させることはできません。特に、性的虐待を受けた経験のある子どもは性刺激にとても脆弱です。同性間での性化行動[*10]において、被害を受けることもあります。性虐待を受けて保護されたにも関わらず、保護された場所でもまた性被害に遭うことが現実に起こっているのです。

先に「性の問題は生の問題である」と述べました。子どもの生が安全で安心した状況になるよう、しっかりと一人ひとりの子どもの育ちを過去から現在まで理解しておくことが大切です。

＊10 **性化行動**
性的虐待を受けてきた子どもが、年齢不相応な性的行動を行うことをいいます。

施設退所後の支援についてはどのようにしたらよいでしょうか。

施設退所後の支援（以下「アフターケア」）については、児童福祉法でも定められており、社会的養護に関わる施設における大きな役割でもあります。アフターケアにつなげるためにも、インケアから施設退所後を意識した取り組みが求められます。まず、児童相談所と施設が策定した児童自立支援計画票をもとに家族との関係性を丁寧に捉え（例：家庭復帰を目指すのか、経済的・社会的自立に向けて取り組むのかなど）、退所後の生活について施設内で協議し、共有することが必要です。そのうえで、職員と子どもが将来（施設退所後の生活）について話し合いながら、施設生活のなかでできる準備について具体的に話し合っていくことが大切です。

従来アフターケアは、退所時の担当職員や関係の深い職員とのつながりによって行われてきた経緯があり、特に最近ではSNS（ラインやフェイスブック等）などを使い、退所者の情報も安易に収集できるため、退所者と職員の個人的なつながりになりやすい傾向にあります。その場合、問題が起こったときの判断は職員個人に迫られるため、負担が大きく、問題も深刻化していく場合もあります。しかし、それでは特定の職員に負担がかかるだけでなく、支援に携わっていた職員が異動・退職をした場合は継続的な支援が分断されてしまう可能性もあるのです。

そのため、アフターケアは施設として組織的に取り組む必要があります。具体的には、アフターケアを担う窓口を定め、退所者との連絡方法も施設内で明確にしておくと良いでしょう。そして、その情報（相談内容など）を施設全体で共有することも必要です。さらにいえば、自立支援コーディネーターによる継続支援計画の作成や社会的養護自立支援事業等など、あらゆる手段を活用しながら重層的に退所後を支えていくことが必要だといえます。

特に家庭復帰に至ったケースでは、子どもの状態だけでなく、保護者の状況も把握しながら、その地域や関係機関との連携のもとで支援にあたらなければなりません。民生委員や主任児童委員をはじめ、保育所・幼稚園などの教育機関、市町村の行政機関（家庭相談員や保健師）等との連携は必須ですし、家庭訪問や来所相談対応、課題が起きたときの介入方法まで役割分担を明確にしながら支援にあたるとよいでしょう。そのためにも、施設全体でアフターケアを担うという意識のもと、どのように支援しているのか（支援の過程）と、どのように支援していくのか（支援の方向性）を全職員が把握し、どの職員でも対応できることが望まれます。

また、集える場所や機会づくりも大切だといえます。例えば、NPOなどの当事者支援団体が行う活動や、施設の行事などは貴重な機会になります。施設退所者が「ちょっと話を聞いてほしいな」「久しぶりに会いに行こうかな」と、気軽に立ち寄れる場所と退職した職員も集まるような機会があれば、集いやすく、支援につなげられる可能性も広がります。アフターケアに組織的かつ継続的に取り組めるよう、そのような機会に現在働いている職員も積極的に参加し、施設退所者とのつながりをつくることで支援がしやすくなる場合もあります。

施設退所者の多くは、心の拠り所としての「居場所」を求めています。どの職員もアフターケアの重要性を認識し、施設退所者を温かく迎える姿勢を大切にしていきたいものです。

小規模化のもとでの職員間の連携についてはどのようにしたらよいでしょうか。

旧来の大規模施設では、職員は複数人で勤務して、先輩の背中を見ながら仕事を覚えました。子どもの暴力や病気・けがといった突発的なトラブルにも、チームで連携して対応できました。しかし、施設の小規模化や地域分散化が進むと、職員は１つのユニット（生活単位）を１人で担う時間が増えます。すべての職員に一定の力量が求められ、ともすると孤立や疲弊も高まってしまいます。これを防ぐためには施設内外の孤立・閉鎖を防ぎ、有機的連帯をつくることが必要です。以下にそのポイントを３つに分けて示します。

①チームづくりからホームづくりへ

互いに顔を見合わせる時間は限られていますが、チームのベースには互いへの信頼が不可欠です。子どもの多くは、職員ごとでまったく違った反応や表情を見せます。とりわけ、若い職員が勤務していると、子どもはさまざまな試し行動や、不適切な言動も表出しやすくなります。これを、職員個人の問題として捉えるチームは成長しません。個人の力量差ではなく、チームの力に焦点を当てるべきです。

子どもとの間においても、職員同士においても、まず互いの強みと共有できている点を十分に確認し、その次にホームの成長課題を考えます。子どもの主体的関与も含め、全員でホームをつくる視点が不可欠です。

②施設内ホーム間の協働（基準の策定と活用）

次に、施設内の横断的協働のあり方を考え、各ホームが孤立・隔絶しない仕組みをつくる必要があります。施設の運営に関わる取り組みを、新任職員も含めて横断的に組織した委員会で検討・実施するのも有効です。ホーム間で子どもの支援に隔たりがあれば、相互の信頼にはマイナスです。子どもの権利に関する条約をはじめ、法令や実証データ等の根拠に基づいて施設の運営理念・方針・計画を定めます。各種会議は常にこうした根拠を基盤に行うべきです。これを欠くと、職員関係にひずみが生じます。

③施設外のつながり（学習会等の外部活動への参加）

家庭によって生活習慣や文化が異なるように、施設ごとにも独自の生活習慣等があります。これらは異なる生活の場から移ってきた子どもや職員にとって､時に苦痛でマイナスの影響を与える可能性すらあります。施設の「常識」に麻痺・埋没しないために、子どもも職員も外部との定例的な関わりを維持する必要があります。施設の常識が社会では非常識、昨日の当たり前が明日の時代遅れ、といったことは常に起こり得ます。外部に目を向け、不断に施設運営を向上させる意識が、社会的養護全体の発展にもつながります。

Q12 社会的養護における「真実告知」について教えてください。

「真実告知」は、養子縁組をした養父母や里親から「生みの親がほかにいて自分たちが育ての親である」という事実を子どもたちに伝えることだと理解されがちですが、そのような断片的なものではありません。また、養子となる、または里親委託されている子どもたちに限定する課題ではなく、社会的養護の下にあるすべての子どもたちにとっての普遍的な原則・課題として捉え直す必要があります。つまり、里親やファミリーホームに限らず、児童養護施設や乳児院などの施設にいる子どもたちにとっても重要な課題にほかならないということです。それはなぜでしょうか。

社会的養護の下にいる子どもたちは、里親家庭であろうと施設であろうと、生みの親と実家族から誰もが切り離されて生活する（分離保護される）ことになります。その期間は、数か月という短期間から長期間までさまざまです。年齢が低いときに保護された場合には、生みの親・きょうだい等との記憶がない、あるいは曖昧な記憶のまま生活することになります。また、そうでなくても「自分がなぜここにいるのか」という理由を十分に理解できていない子どもは少なくありません。分離保護されなければ自然な形で伝えられていく自分史に関わる重要な情報が遮断されているのです。

子どもたちの多くは自分の生みの親、きょうだい等に対するさまざまな気持ちを抱えて思い悩み、自分のルーツを知りたいと思います。それが心理的な葛藤や自己肯定感の低さ、問題行動等につながることも多々あります。子どもの人生は親から生まれたときから始まっているわけですから、子ども自身が生みの親、きょうだい、親族関係、その生い立ちや分離保護の真実（ライフストーリー）を知ることは当たり前です。

それは子どもの権利であると同時に、パーマネンシーを保障[*11]する取り組みともいえます。ですから、里親や施設職員等が真実を隠し続けることはできません。例えば、小学生になれば生い立ちを振り返る授業において、否応なくそれと向き合わざるを得なくなります。真実告知はできるだけ早い方がいいといわれていますが、このような機会を生かして伝えていく、あるいは里親が手伝いながら「ライフストーリーブック」を子ども自身につくらせていく方法も紹介されています。レイプや望まない妊娠、親の収監などの伝えにくい理由の場合、用いる言葉の表現やその他一定の配慮が求められることは言うまでもありませんが、子どもの年齢に合わせ、理解して受け入れやすく真実告知をすることが大切です。虚偽に基づく関係ではなく、真実に基づく関係こそが最も強い絆だということを忘れずに「真実告知」に取り組むことが必要でしょう。

＊11　**パーマネンシー保障**
p.75 を参照のこと。

児童養護施設では外国籍を持つ子どもへの支援をどのように進めていけばよいでしょうか。

これからの日本経済の流れとして、外国人労働者の受け入れ拡大が進み、それに伴い、外国籍を持つ子どもたちも同じように増加することが考えられます。

外国籍を持つ子どもが抱える課題としては大きく2つに分けられます。1つ目は、外国（母国）で生まれ育った子どもたちが日本へ来るケースです。考えられる課題としては、言語の壁から保育所や学校でコミュニケーションがうまく取れないことです。2つ目は、日本で生まれ育つ子どもたちのケースです。日本で生まれ育つことにより日本の文化を身に付け日本語を母国語として獲得した子どもと母国の文化で物事を考え、かつ日本語を上手に話せない親という家庭環境のなかで、親子のコミュニケーションがうまく取れないという問題です。さらに、自分が外国籍を持つということを理解していない場合もあります。どちらのケースも成長していくにつれてアイデンティティの形成がどのようにされていくのかが懸念されます。

児童養護施設における外国籍を持つ子どもの支援についてはまだまだ事例も少なく、日々の実践を重ねているところです。筆者が勤めている施設では普段の生活に加えて、外国籍を持つ子どもたちへの支援の一環として、自国の文化を知る機会をつくっています。例えば、世界地図を広げて日本や自分の国やそのほかの知っている国を見つけ、それらの国の特徴や日本と違うところを調べてみるなどして、少しずつ視野を広げ興味が持てるようなきっかけづくりをしています。

また、自国の料理が食べられるお店に外食に出かけ、実際に食文化に触れる体験をしています。普段の施設内での食事では口にすることのない味に、「お家で食べたことがある！」「この料理お母さんがつくってくれた」と懐かしむ声もあれば、「あんまり好きじゃないな」と自身が外国籍であることを受け入れきれないといった表情を見せる子もいます。こうしたときはこちら側が押し付けるのではなく、そのときの子どもたちの感情を受け入れていく姿勢が大切だと感じています。さらに、親元を離れ自立を目指していく子ども向けに、在留カードの更新が自分でできるよう、必要書類を自分で用意・記入し、実際に入国管理局に行って手続きをしてみるという体験型の支援もしています。

大切なことは、施設での生活なのだからといってそれぞれの文化を切り離す作業をするのではなく、目の前の子どもとその背景にある文化を周りにいる支援者が「大切に思っている」「とてもすてきなことなのだ」と受け入れる姿勢を見せることだと思います。

これからの社会的養護には、外国籍を持つ子どもたちが増加していくことが予想されます。学生のうちに多文化に触れる機会をつくり、それを理解し、身近に感じる感覚を養ってほしいと願っています。

施設と学校はどのように連携をしているのでしょうか。

ここで取り上げているのは、あくまで児童心理治療施設（以下「施設」）における施設と学校の連携になりますが、ほかの児童福祉施設でも生かせるヒントを見出してもらえたらと思います。

まず、子どもたちが施設に入所すると、これまで自宅から通っていた学校から施設所在地学区の学校へ「転校」することになります。多くの施設には分校（分級）が併設されており、施設に入所する子どもたちは分校（分級）に通学します。「転校」となることで、施設入所前に通っていた学校（以下「原籍校」とする）との関わりがなくなってしまう状況が多く見られるのが現状です。

一方で、施設に入所した子どもたちは、施設を退所して地元の学校に戻りたいという希望を持ち、施設の生活を頑張る励みにしている子もいます。原籍校と連携し、子どもたちに「戻る」場所を確保することは必要な支援であるといえます。

施設では、子どもたちに成長や変化が見られ家庭復帰を検討する段階に入ると、原籍校への復帰も視野に入れた支援を行います。これは、家庭復帰に伴い自宅から原籍校へ登校することになるためです。そのため、「家庭復帰」を検討するうえで、支援者が「学校復帰」に関しての視点を持つことが求められます。

「学校復帰」の支援を行っていくなかで重要となるのが、学校との連携です（ここでの「学校」とは、「原籍校」と子どもが現在施設から通っている「学校」の両方が含まれます）。子どもたちにとって「学校」という場の存在は大きく、その「学校」に自分の居場所があるかどうかが重要になります。子どもの居場所を学校につくるには学校と連携し、学校の先生にその子への関心を持ってもらうことが有効です。その一つとして、子どもに関する情報を学校と施設とが共有し、今後の支援をともに行うための話し合いの場を設ける方法があり、そのような場を「ケース会議」や「ネットワーク会議」と呼んでいます。

このような会議を行うことで、現在の子どもの状態、家族の状況等を多機関で共有することができます。そのためには、ケース会議を開催することを施設から積極的に原籍校や現在通っている学校に働きかけることが必要です。その際、ケースを担当する児童相談所と連携したうえで、一緒に働きかけることも有用です。

たとえ家庭復帰など支援に大きな変化がなくても、子どもたちは1年ごとに進級します。進級に際して関係機関が集い、その子に関して情報を共有することができていれば、施設を退所する際、原籍校に復帰することがスムーズになると考えられます。また、定期的な情報共有を行うことで学校側がその子に関心を持ち続けてくれる効果も期待できます。時には施設の行事や施設に併設されている分校（分級）で行われる学校行事に原籍校の先生を招待し、成長し頑張っている子どもたちの姿を見てもらう機会を設けることもあります。子どもたちにとって、自分のことを覚えていてくれる人がいること、自分のことを知っている人がいること、そして自分のことを気にかけてくれていることを感じることは大きな励みになります。

施設を退所して家庭復帰することは期待も大きいですが、同じくらい不安も大きくあると想像されます。さらに、家庭から地元の学校に通うことに対する不安も重なります。子どもたちが抱くであろう期待と不安を施設職員が意識し、そのための支援として学校との連携を丁寧に行うことが重要です。

Q15 児童養護施設の職員の業務内容や求められる能力、職員として働くうえでの心構えなどについて教えてください。

児童養護施設の職員の業務内容と求められる能力

児童養護施設の職員にとっての職場は、子どもにとっての暮らす家です。まず、労働時間については、一般家庭の子育てにかかる時間をイメージしてもらうとわかりやすいと思います。子どもが保育所や幼稚園、学校に行く前の7～10時（3時間）、帰って来てから就寝までの14～22時（8時間）、土日祝日は子どもが家にいるために直接関わる時間が必要となります。また、イレギュラーに通院や地域活動等があります。さらに施設では、保護者・他機関への対応、行事等があり、間接業務として児童記録や学校・役所への提出書類の作成、会議等があります。

次に、施設職員に求められる能力については、食事づくりや掃除・洗濯・金銭管理等の家事能力や、原則0～18歳（やむを得ない事情の場合、継続して支援がうけられる）までの子どもの発達保障、被虐待児への治療的養育、ソーシャルワーク、コミュニケーション、メンタルセルフケアに関する能力等があり、大きくは人間性と専門性が必要とされます。このように、施設職員には職員として働く多くの時間とともに高い能力が求められます。

施設職員として働く際の心構えやより良い職場環境づくりについて

上述のように、施設職員には専門職として求められる事柄が多くありますが、大学等を卒業して20代前半で働く新任職員は、社会人経験はもちろんのこと、一人暮らしの経験もない場合があります。そうしたなかで、新任職員が子どもの自立支援をすべて行っていくことには限りがあります。支援をしていく際の目指すべき子ども像とも通じますが、筆者は子どもたちには完璧を求めて周りを気にし過ぎる「いい子」になってほしいわけではなく、自分なりに少しでも前向きに取り組む「チャレンジする子」になってほしいと思っています。そして、そうした子どものモデルとなるように、新任職員にも「できる・できない」よりも「やるか・やらないか」が大切だとよく伝えています。失敗したときには「すみませんでした」と謝り、助けてもらったときには「ありがとうございます」と感謝をする素直な姿勢が、ほかの職員や子どもとの信頼関係を育てていくことにつながっていきます。

また、日々楽しむことも必要です。これは単純ですがとても難しいことです。子どもたちは家族と離れてさまざまな感情を抱き施設で生活しています。そのため施設ではできるだけ前向きに楽しく過ごしてほしいと願っています。職員自身が子どもの前で沈んだ気持ちを出すのではなく、生活を楽しむ視点を持つことが大切です。今振り返ってみると、筆者自身も「この仕事をしていて楽しい？」と子どもから聞かれたときに、疲れた顔をしていたことがあったことに気付きます。職員自身が健康で楽しく過ごす姿が、子どものモデルとなっていきます。

さらに、職員の心身の健康を保つためには、子ども同様に職員自身が認められることが必要です。職員はそれぞれに生い立ちや考え方も違いますが、違いを認めたうえで子どもの最善の利益を中心に議論し合える仲間づくりをしていくことが重要となります。相手と議論するには勇気がいりますが、自分の気持ちを抑え続けると健康を保つことができないばかりでなく、施設としての成長もできなくなってしまいます。施設職員の働く環境について考える際には、「子どもの権利」を守る仕事であると同時に、職員の「働く権利」を守るという両面のバランスを取ることが大切です。

以上のような実践の積み重ねの結果が、子どもを守り、やりがいを継続できる職場環境につながっていきます。やりがいを保つためにはさまざまなことにチャレンジしたり、健康を管理して語り合える仲間が必要です。その仲間が増えるたびに「子どもの権利」と「働く権利」のバランスがとれた職場環境に近づくことができます。

子どもに対する援助職のなかで、長期間特定の子どもと関わる仕事は里親・ファミリーホーム以外に児童養護施設の職員しかありません。幼稚園、中学校では最長３年間、保育所、小学校は最長６年間です。将来的には入所期間の短縮化へと向かっていますが、児童養護施設の職員ほど専門職として家庭に近く、自立支援の期間が長い仕事はありません。そのため、目の前の子どもの幸せを願い関わった実践は、社会が抱える家族問題のモデルケースとなることができます。ぜひこの社会的にもやりがいのある仕事に誇りを持って働いてほしいと思います。

【参考文献】

Q８

●宮本信也・田中康雄・齊藤万比古『発達障害とその周辺の問題』中山書店　2008年

Q９

●星賢人『自分らしく働くLGBTの就活・転職の不安が解消する本』翔泳社　2020年

みらい×子どもの福祉ブックス
社会的養護Ⅱ【第2刷】

2019年 9 月 20 日　初版第 1 刷発行
2023年 4 月 1 日　初版第 5 刷発行
2024年 4 月 1 日　第 2 版第 1 刷発行

監　修　喜多　一憲
編　集　堀場　純矢
発行者　竹鼻　均之
発行所　株式会社みらい
〒500-8137　岐阜市東興町40　第5澤田ビル
TEL　058 - 247 - 1227㈹
FAX　058 - 247 - 1218
https://www.mirai-inc.jp/
印刷・製本　サンメッセ株式会社

ISBN978-4-86015-608-4 C3036
Printed in Japan